ル・コルビュジエの主な建築マップ

※は、2016年に「ル・コルビュジエの建築作品―近代建築運動への顕著な貢献―」として世界文化遺産に登録された建築

フランス

場所	建物
ポダンサック	給水塔
レージュ	レージュの住宅群
ペサック	ペサックの近代街区シテ・フリュジェス※
トゥーロン郊外	ド・マンドロー夫人邸
ラ・パルミール	レ・マトゥの家（六分儀の家）
サン・ディエ	デュヴァル織物工場※
マルセイユ	ユニテ・ダビタシオン※
ロンシャン	ロンシャンの礼拝堂※
カップ・マルタン	休暇小屋※
カップ・マルタン	ル・コルビュジエ夫妻の墓
カップ・マルタン	ユニテ・ド・キャンピング
リヨン郊外	ラ・トゥーレットの修道院※
ナント・ルゼ	ユニテ・ダビタシオン
ブリエ	ユニテ・ダビタシオン
フィルミニ	青少年文化の家※
フィルミニ	スタジアム
フィルミニ	ユニテ・ダビタシオン
フィルミニ	サン・ピエール教会
ケム・ニッフル	ローヌ・ライン運河にある閘門

もっと知りたい

ル・コルビュジエ

生涯と作品

林 美佐 著

東京美術

はじめに

建築家という職業は誰もが知っていても、画家や彫刻家に比べて個々の建築家の知名度はまだまだ低い。ピカソなら知らない人はいないだろうが、いきなり「ル・コルビュジエ」といわれても、人の名前とも思わない人が多いかもしれない。「20世紀の巨匠」といわれても何の分野の人だかピンとこない人の方が大部分だろう。でも、私たちを取り巻く建物のなにがしかの部分はこのル・コルビュジエなる人物に負っている。今の私たちが暮らす住まいのなかのどこかに確実に、ル・コルビュジエは息づいているのだ。良くも悪くも。

そんな20世紀の建築を育てた巨匠ル・コルビュジエは、では、どういう人だったのか？　作品を知ると興味がわく。さらに、作家の人となりを知ると、作品の見え方も変わってくる。本書は、ル・コルビュジエの生涯を追体験することで、彼の作品への理解を深める一助としたい。そして、ル・コルビュジエという人物を通して、世の中の建築の背後に見え隠れする建築家という存在をもっと知ってほしい。そうすれば、建築はもっと面白くなる。

目次

写真提供：ユニフォトプレス

part 1

1887
|
1917
（0～30歳）

故郷ラ・ショー=ド=フォンでの修業時代

1906
手仕事
自然をよく見て、本質を見極め、それを装飾模様にする。懐中時計ケースに閉じ込められた自然の姿。

1912
ジャンヌ・ペレ邸
両親のためにつくった通称「白い家」。左右対称のデザインには、古典主義建築の影響を見ることができる。

1905～07
《ファレ邸》
処女作は、建築家の助力を得てつくられた山小屋風意匠の住宅建築。外壁の植物模様が特徴的。

山に囲まれた時計の街

ル・コルビュジエは、パリに事務所を置いて活躍した建築家だが、生まれも育ちもスイスである。

彼の故郷はラ・ショー=ド=フォンという。ラ・ショーとは放牧地を意味し、ジュラ山地の1000メートル級の山々に囲まれた、谷のような地形にひらけた街である。スイス西部、スイスで最も透明度の高い湖の1つとして知られるヌーシャテル湖からさらに西、フランス国境にほど近い場所に位置し、冬になると交通網が遮断されるほど雪深い地域であり、スキーやスケートなどのウィンタースポーツがさかんであった。

古くから発展した街だったが、18世紀末の大火で街の大部分が焼失してしまう。その後、直角に交わる碁盤の目状の街路を整備し、新しい街として成長する。ル・コルビュジエの都市計画の根本には、この街並みのなかで育った感覚があるといってよい。

彼が生まれた19世紀末頃の人口は2万7000人で、こぢんまりしているが、スイスの高級時計の生産地であり、1900年当時ではスイス全体の時計輸出量の6割を占めていた。現在も高級ブ

ル・コルビュジエの制作と出来事

1887 年 0 歳	10 月 6 日シャルル・エドゥアール・ジャンヌレ（のちのル・コルビュジエ）誕生
1900 年 13 歳	地元の美術学校に入学
1904 年 17 歳	美術学校高等科に進学。レプラトニエ先生のもとで学ぶ
1905 年 18 歳	ルネ・シャパラの協力を得て、処女作《ファレ邸》（～ 07）
1907 年 20 歳	イタリア旅行。ブダペストを経てウィーンへ。《ストッツァー邸》《ジャクメ邸》の計画を練る
1908 年 21 歳	ウィーンでホフマン、モーザー、クリムトと会う。ドイツを旅し、パリへ。リヨンではトニー・ガルニエ、パリではジュールダン、ソヴァージュ、グラッセらと会う。パリでペレ兄弟のアトリエで働く
1909 年 22 歳	秋にラ・ショー＝ド＝フォンに帰る
1910 年 23 歳	連合アトリエを設立。スキー大会参加。装飾芸術運動視察のためドイツへ。ベルリンのベーレンスのアトリエで働く。ミース、グロピウスと会う
1911 年 24 歳	ハインリヒ・テッセノウと会う。クリプスタインと東方旅行（中欧、東欧から、トルコ、ギリシアを経て、イタリアを回る）。帰郷後、レプラトニエと美術学校の新部門を立ち上げる（～ 14）
1912 年 25 歳	両親のため《ジャンヌレ・ペレ邸》。《ファブル・ジャコ邸》
1913 年 26 歳	パリのサロン・ドートンヌで水彩画展。デッサン教師資格取得
1914 年 27 歳	「ドミノ・システム」。ケルンで工作連盟展を見学
1915 年 28 歳	パリの国立図書館に通って独学に励む
1916 年 29 歳	《シュウォブ邸》（～ 17）、《シネマ・スカラ》建設
1917 年 30 歳	故郷を離れパリに出る。ジャコブ街 20 番地に居を構える

1916
《シュウォブ邸》
故郷での最後の住宅作品。大きな窓に吹抜け空間など、20年代以降の作品の萌芽が認められる。

世界遺産の時計の街

2009年には、ラ・ショー＝ド＝フォンは「伝統的な時計産業とそれを支える街」として、近郊のル・ロクルと合わせてユネスコの世界文化遺産に登録されている。時計の街を象徴する「時計博物館」が知られている。

ランド時計の工場や、個人で手掛ける時計工房が多数存在する。

ラ・ショー＝ド＝フォン人の特質

この街の人たちについて、ル・コルビュジエの弟子であった吉阪隆正《よしざかたかまさ》は「『努力家で、独立心が強く、よく苦難に耐え、音楽や読書好きで、意見がはっきりしていることや、進歩ということを信じ、公共の利益のためには個人を従わしめるが、決して没我的《ぼつがてき》ではない』と一般に言われている」（吉阪隆正『ル・コルビュジエと私』）と語っている。そして、素晴らしい性能の時計をつくる職人気質だけでなく、それを世界中に流通させる才覚があったのも、ラ・ショー＝ド＝フォン人の特質であった。

ところで、「ル・コルビュジエ」という名前はペンネームであり、本名はシャルル・エドゥアール・ジャンヌレという。美術教師による熱心な装飾芸術の教育に始まり、ヨーロッパ各地への旅、ペレやベーレンスといった建築家のもとでの修業の日々が彼を育てた。彼はパリに出て「ル・コルビュジエ」となったが、その根底には、生涯変わらぬ、ラ・ショー＝ド＝フォン人としての、そしてジャンヌレ家の気質があることを強調しておこう。

家族と、師との出会い

音楽が流れる家

シャルル・エドゥアール・ジャンヌレは1887年10月6日に生まれた。父ジョルジュは地場産業である高級時計の、文字盤のエナメル職人であり、母マリー・アメリー・ペレはピアノの先生だった。シャルル・エドゥアールには2歳年上の兄アルベールがおり、彼は

懐中時計のケース。1906年制作。彼が伝統的な工芸の技術を受け継いだ証であり、重なった岩とラ・ショー＝ド＝フォンの街のシンボルである蜂を組み合わせた意匠。

植物模様のデザインスケッチ　1911年。植物をよく観察して構造を見極め、そこから模様をつくり出す。美術学校でのトレーニングの成果。

音楽の道を歩んだ。母方の伯母ポーランが同居しており、彼女が二人の兄弟の教育係であった。

　シャルル・エドゥアールは「音楽家の家なので、一日中家には音楽が流れていた」と語っている。

　こうした家庭環境は後年の彼の建築にも影響を及ぼした。それは建築と音楽の共通点を明かし、音楽の比喩によって建築を語る機会が多かったことでもわかる。エミール・ジャック=ダルクローズのリズム論を学び、リトミックの教師になった兄アルベールを通じて、シャルル・エドゥアールはその理論に触れた。空間と時間におけるリズムの美学、調和のとれた身体スケールの追求、「秩序と調和と明断さを確立する」ことを目指したダルクローズを知ったことが、彼の空間創造に少なからず寄与したことは間違いないだろう。

父から教えられた自然の魅力

　父親は自然と接する機会を積極的に作ってくれた。彼は地元のアルペンクラブのリーダーでもあり、スイス・アルプスの未踏峰《みとうほう》に登るなど知られた存在であった。父が山から持ち帰った水晶は息子にとってはちょっとした宝物であり、これについて、後年、彼は詩のなかで触れている。スイスの山は、1926年に亡くなった父親の思い出そのものである。「私は子供のときから、父に伴われて谷間や山へ行き、彼が感激したいろいろなものを指し示した。その多様さ、コントラスト、それぞれの品の驚くほどの個性、そしてしかも一つの法則に従っていることを」（『モデュロール2』）身を以て知ったのである。

　ジャンヌレ家の家系は、宗教戦争のときにスイスに移ってきたといわれる。こうした先祖について関心を抱いたシャルル・エドゥアールは、個人的に調べあげた。祖父が独立運動の闘士であったことは彼にとって誇らしいことであったが、加えて、祖先はラングドック地方の神秘的な異端につながるかもしれないことを強調し、このことは「私が地中海に惹かれることに抗しがたい内奥に潜む根拠を明かすためにほかならない。」（『Le Corbusier lui-même』）と語っている。つまり、彼は自分の地中海への憧れの根拠を、自己のルーツと結び付けて納得しようとしていたのだろう。

　13歳のとき、シャルル・エドゥアールはなんのためらいもなく、地元の美術学校に入学する。父の仕事の跡を継ぐのだろうと、家族も本人も思っていたに違いない。彼は学校で装飾デザインなど、時計職人に必要な技術を学んだが、視力がよくなかった彼にとって細かい文字盤装飾などの仕事は難しかった。やがて彼は画家を目指したが、そんな彼に建築家への道を開いたのは美術学校の恩師レプラトニエであった。

家族写真。左がシャルル・エドゥアール、右は母のお気に入りの兄アルベール。

家族写真。両親と二人の兄弟。

Villa Fallet

ファレ邸

Le Corbusier

ル・コルビュジエの処女作

1905～07年

❶

樹木をモチーフにした家

まだ学生だったシャルル・エドゥアールは、美術学校の教師レプラトニエに1軒の住宅を作ることを勧められる。施主は美術学校の理事で時計製造者のルイ・ファレ。レプラトニエは友人の建築家ルネ・シャパラにシャルル・エドゥアールへの協力を頼み、内装には他の学生たちも加えて完成させた。シャルル・エドゥアールの処女作は、こんな思いもかけない形で実現された。

大きなとんがり帽子の瓦屋根の山小屋風住宅で、壁面は樹木を図案化したモチーフがスグラフィットによって全面を彩り、室内にも樹木の模様が壁や階段のあちこちに彫られている。これらの樹木は、おそらく地元の樅の木を図案化したものであろう。スグラフィットとは、色の違う漆喰《しっくい》を重ね塗りしたうえで表面の漆喰を削ることで、下の漆喰の色をあらわして模様を見せる伝統的な技法。スイスの山間部の民家などで見ることができる。

❷

写真提供：ユニフォトプレス

❶ファレ邸外観
❷外壁に見られる植物模様。地元にある樅の木のモチーフが壁面いっぱいに繰り返されている。また、手すりや窓枠にも装飾的なデザインが施されているのがわかる。

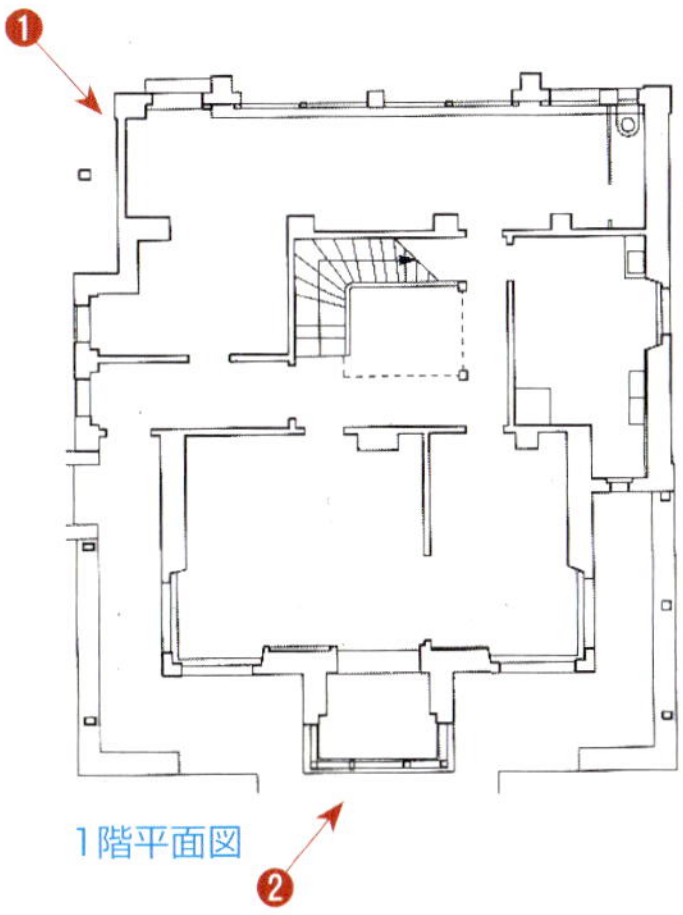

1階平面図

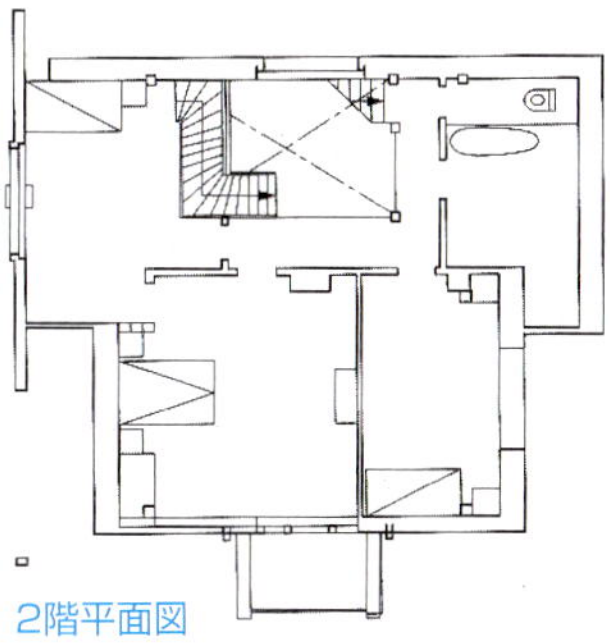

2階平面図

立面図

自然の原理に触れ、造形感覚を養う

「われわれの幼年時代は自然の奇跡によって輝かされ、われわれの勉強の時間は百の花、千の昆虫に向けられた。木も雲も鳥もすべてがわれわれの疑問の対象であり、彼らの生命曲線を理解しようという努力はその究極において人間は自然の形と自然の材料とのつつましい模倣者に過ぎないということを発見した」（『今日の装飾芸術』）。

　レプラトニエは自然を理解することを創作の第一歩とし、生徒たちに樹木をスケッチさせ、その構造を理解したうえで植物模様をデザインさせていた。《ファレ邸》のリズミカルな植物模様もその学習の成果である。後年、彼が合理的で抽象的なデザインを目指した根底には、父やレプラトニエの指導のもと、自然に深く接し、原理に触れ、自然の根源的な美への理解を深めることで得られた造形感覚があったのである。

人生を変えた旅

イタリア旅行　1907年（ル・コルビュジエ財団）

旅の始まり

スイスの片田舎で装飾工芸を学ぶ一青年が、のちに世界的建築家に化けるために必要だったのが、20代に繰り返した旅である。

初めての外国旅行は1907年、20歳のときのイタリアであった。ミラノ、フィレンツェ、エマの修道院、シエナ、ボローニャ、ヴェネツィアなどを2ヵ月半かけて巡り、ブダペストを経て、ウィーンに4ヵ月滞在し、さらにニュルンベルグ、ミュンヘン、ナンシーを経由してパリに入った。結局、故郷に帰ったのは2年後のことであった。さらに1910年にはドイツの装飾美術の現状を取材してレポートを書くためにドイツに派遣された。そこで20世紀初頭の新しい建築、美術の動きを目の当たりにし、大いにショックを受け、ラ・ショー＝ド＝フォンから外に出て、新しい技術や美術を吸収したいと思うようになる。しかし、このときはまだ、自分が吸収したものを地元に持ち帰り、師レプラトニエとともに後輩たちを育てよう、という考えをもっていた。

東方への旅

1912年5月、彼がウィーンを発って向かったのはドナウ川沿いに、ハンガリー、チェコ、ブルガリア、そして、トルコ、ギリシアであった。この旅で、彼は民衆芸術の骨太な美しさ、生活に根づき、歴史が生み出した芸術の重み、幾何学的に構成された建築物や工芸品、美術作品の数々を発見して感激した。それに反してゴテゴテと本質を覆い尽くす当世風の醜い装飾、ペラペラなゴミのような粗悪品に満ちた現代の暮らしに落胆する。そして、旅の最後に彼はパルテノン神殿の圧倒的な存在感に打ちのめされる。彼の言葉を引用しよう。

「民衆芸術は、民族や風土や土地を統一あるいは融合させるべく同じ花々で覆いつくしながら、永遠に変わることのない熱い愛撫のように地上全体を包んでいる。美しき生命として生きることの歓びがおおらかに誇示されている。フォルムは活力にみなぎり、豊か

「建築は光線の中における巨大なフォルムの芸術であり、建築こそは精神を表現する一つの系である」

（ル・コルビュジエ『今日の装飾芸術』より）

東方への旅の行程

にふくらんでいる。線はつねに自然な様相を現わしながら、同じ作品にあって、幾何学のすばらしい境地をつくり出している。始源的本能と高度の抽象的考察を受容し得る天性との驚くべき結合」（『東方への旅』）。

「素晴らしき民俗には大衆の洗練と時の琢磨とがある」（『今日の装飾芸術』）。

「パルテノンの出現は私をうちのめした」「見よ、神殿の神聖さを、風景の荒々しさを、完全無欠なるその構造を。強い精神が勝ち誇っているのだ」「想い出すだけで歓喜がからだ中にあふれる。その感情に勇気づけられて、これらのものに対する見方を今後、私の存在に、分かちがたい新たな一部として携えていくだろう」（『東方への旅』）。

そしてシャルル・エドゥアールは故郷に帰る。そのとき「私はゼロから一切のやり直しをせねばならない」（『今日の装飾芸術』）と語る。この旅は彼を建築家にし、そして彼の人生の終わりを締めくくった。この旅の記録は、最晩年になって『東方への旅』として出版されることとなり、彼に77年間の生涯を振り返る機会を与えた。亡くなる直前に彼はその最後の校正原稿のチェックを終えたのである。

ブルガリア、タブノヴァの眺め　1912年頃（ル・コルビュジエ財団）

ファブル・ジャコ邸／ジャンヌレ・ペレ邸

ストッツァー邸(スイス)1907年／ファブル・ジャコ邸(スイス)1912年／ジャンヌレ・ペレ邸(スイス)1912年

❶ジャンヌレ・ペレ邸外観

後ろに森を控えた傾斜地に建ち、壁の白さが際立っている。庭にはパーゴラが作られている。シンメトリーのファサードからは古典的建築からの影響が見られる。プランも、真ん中にホールをもつ幾何学的な構成となっている。室内の様子を見てみると、全体に花柄の壁紙や、猫足のソファなど、華やかで明るい雰囲気のインテリアとなっている。部屋ごとに違う色使いをするなど、後年の壁面彩色を彷彿させる点が見られる。

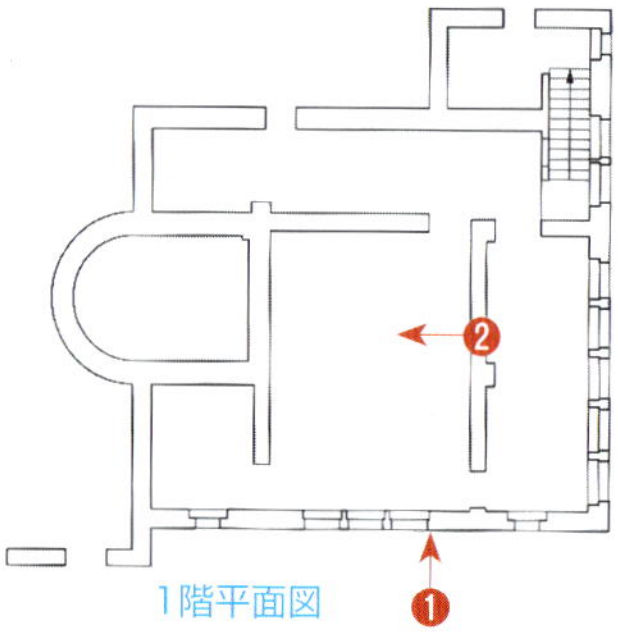

1階平面図

❷ジャンヌレ・ペレ邸室内

旅の途中で手掛けた住宅

シャルル・エドゥアールが旅を続けながら設計をすすめたのが、《ジャクメ邸》《ストッツァー邸》である。いずれも施主は、ルイ・ファレ氏の親戚で、ラ・ショー=ド=フォンの斜面に建てられた。

両者は同時期に作られた双子の兄弟のような住宅で、ともに深い軒をもつ南向きの切妻《きりつま》で、1階部分は大きなロジア(半戸外空間)となっている。工法は、両側の石造りの壁に鉄筋コンクリートの床板を固定する方法をとっている。

シャルル・エドゥアールはオーギュスト・ペレ、ペーター・ベーレンスのもとで学び、働いたことで、1912年には「最も現代的な建設方法に通ずる」こととなり、とくに鉄筋コンクリート造りの建築を業務として、「皆様方に真摯《しんし》に現代に要請《ようせい》されている仕事をお約束できる」と広告するまでになる。その結果、実現に至ったものは少ないものの、いろいろな注文を得ることに成功した。そんな

Le Corbusier

故郷で手掛けた住宅 ストッツァー邸／

なかで、彼は高級時計ゼニスをつくりあげた地元の時計産業の大物ファブル・ジャコ氏の注文を受け、隣町ル・ロクルに《ファブル・ジャコ邸》を手掛ける。楕円形をした車寄せに面したエントランスにはイタリアで見てきた邸宅建築の要素が垣間見られる。

古典的な表現

同じころ手掛けた《ジャンヌレ・ペレ邸》は両親のために建てた住宅である。イタリア旅行を経た目で作られたこの住宅は、全く《ファレ邸》とは異なり、もう外壁には植物模様などは刻まれない、古典的な相貌《そうぼう》をしている。外壁の白さから、地元では「白い家（メゾン・ブランシュ）」と呼ばれている。

25歳の息子が設計してくれた住宅に、両親は喜んで住んだことだろうが、金銭トラブルや時計産業の不況のせいで、わずか数年でこの家を手放さざるを得なくなったのは、大変残念なことだったろう。

《ジャンヌレ・ペレ邸》はオリジナルの状態に修復が施され、現在、ル・コルビュジエの資料館として一般公開されている。

上／ストッツアー邸外観　下／ファブル・ジャコ邸外観

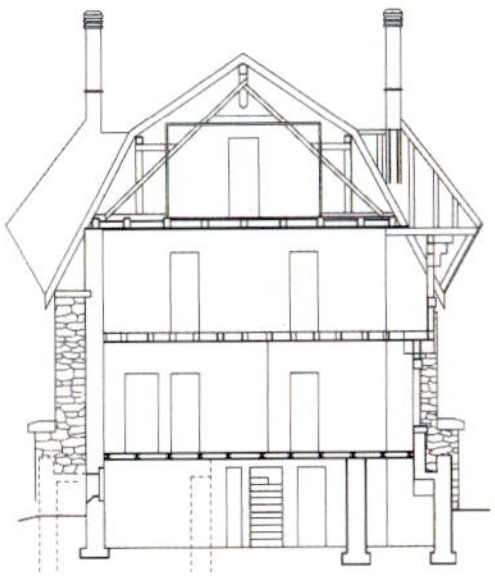

ストッツァー邸立面図

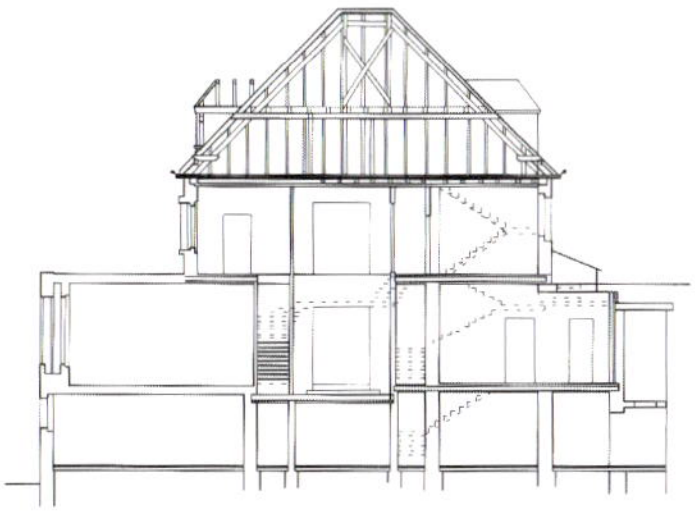

ファブル・ジャコ邸立面図

上／《ストッツァー邸》《ファレ邸》のような全体を包むような装飾性は影をひそめるものの、外壁に石をランダムに配するあたりにまだ装飾的な傾向は見られる。ただ、三角屋根の伝統的な山小屋風建築ながら、見た目にはわからないものの、鉄筋コンクリートを使用するなど、新しい技術の導入に意欲的な住宅である。

下／《ファブル・ジャコ邸》円形の入口、正方形の風除室、円形で吹抜けの玄関ホール、正方形の中央ホールなど、円と直角の組み合わせ、均衡を崩した左右対称といった空間構成が特徴的である。

Villa Schwob

シュウォブ邸

Le Corbusier

「風変わりな家」と呼ばれて

1916年

❶

スイス時代唯一の自選住宅

ル・コルビュジエは自選作品集を出版しているが、その記念すべき第1巻は、スイスの自然や東方旅行などの旅先で描いたスケッチで始まる。そして、作品集上での掲載第1作目はパリ郊外に建てられた《ヴォークルソンの住宅》であり、ラ・ショー＝ド＝フォン時代に手がけた建築作品は完全に黙殺されている。

作品集では、故郷での学びの年月を経て、パリでデビューしたというストーリーにするためか、きれいさっぱり無いことにされているスイス時代の作品なのだが、そのなかで、パリに出る直前に完成した《シュウォブ邸》だけは、『レスプリ・ヌーヴォー』第5、6巻（1921年）において紹介されている。スイス時代の作品のうち、彼の存命中に唯一発表されたのはこれだけであり、つまり、ル・コルビュジエが世に出せると判断した最初の作品である。

❷

❶東側外観。左右に張り出した円筒形がシンメトリーの印象を強めている。
❷庭側外観。当時の庭側外観写真。雑誌『レスプリ・ヌーヴォー』掲載用にトリミングされている。周囲の夾雑物を除くことで、形をしっかり見せようとする彼の編集意識が見られる。その結果、入念に考えられたファサードの構成がよくわかる。
❸道路側外観。玄関上部が全く窓のない謎めいたスクリーンのような壁になっている。単に向かい側からの視線を避けるためとは考えられず、様々な解釈が試みられている。

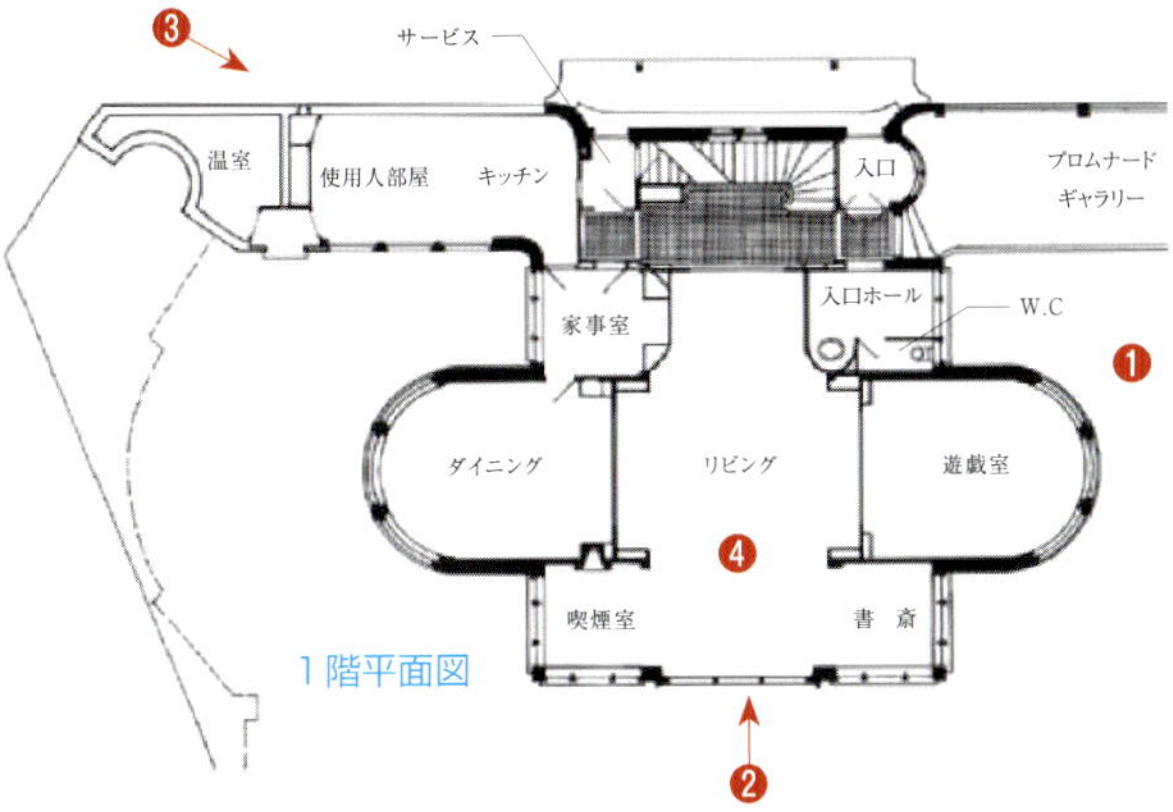

1階平面図

❸

革新的なデザイン

地元の人たちから「エキゾティックな家」あるいは「風変わりな家」と呼ばれたこの住宅は、鉄筋コンクリートの骨組みを用いた構造、幾何学的形態、吹抜け空間をもつ大きな居間、寒く雪が多い地域にもかかわらず採光を優先した全面ガラスによる庭側の大きな開口部など、後のル・コルビュジエの建築言語のいくつかが、すでにこの住宅で試みられている。彼の革新的デザインはスイス時代にその萌芽《ほうが》を認めることができるのだ。

中央に広間を置いた左右対称のこのプランは、フランク・ロイド・ライトの住宅プランを参照にしたのでは、といわれている。ヴァスムート社から出されたライトの作品集は1910年に刊行されているので、彼もどこかで見たことは十分考えられる。

せっかく出来上がった住宅だが、当初の見積りよりも大幅に金額が増えてしまい、訴訟を起こされてしま

❹

❹1階はピアノを置く吹抜けの居間を中心に、食堂や遊戯室が置かれ、2階は寝室、そして地下には暖房装置、洗濯室、乾燥室などが配されており、台所は母屋から延びる翼部分に置かれている。

う。そして、ついにシャルル・エドゥアールは故郷ラ・ショー＝ド＝フォンを出る決意をする。

現在、この住宅は高級時計メーカーのエベル社が所有し、自社のゲストハウスとして使用している。

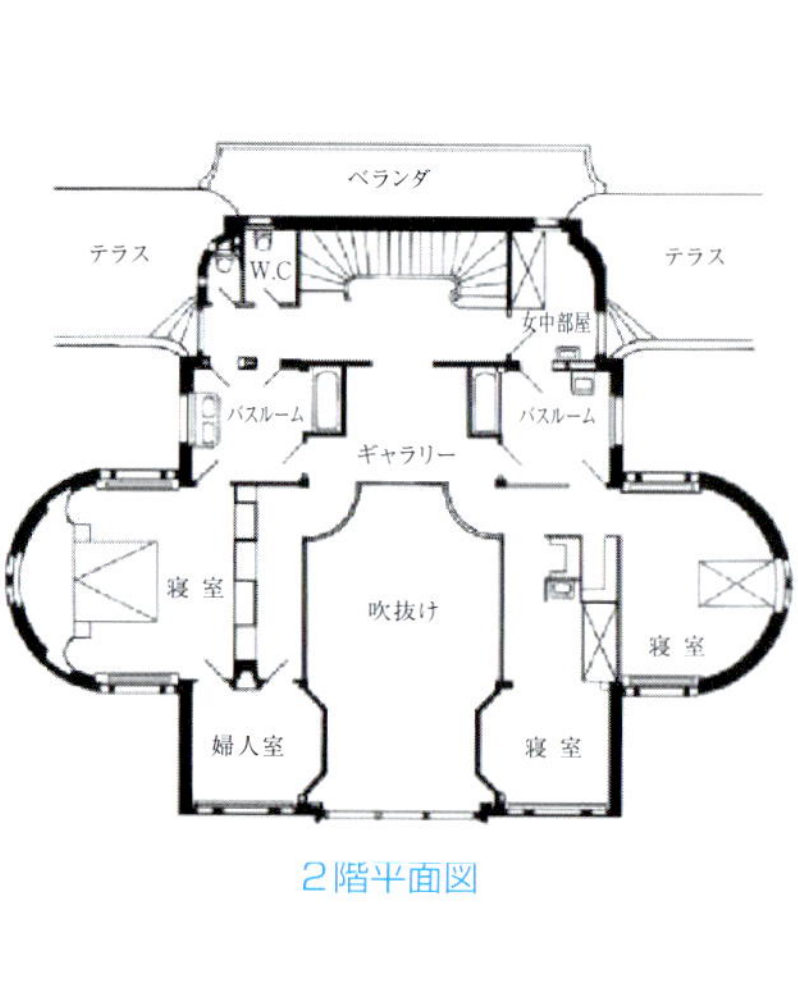

2階平面図

「人は20歳と30歳との間において大颶風《ぐふう》の岬を廻らねばならない。人生行路を定める、生命の底深い意志が働くのは、この時期である」

（ル・コルビュジエ『今日の装飾芸術』より）

故郷を発ち、パリへ

師レプラトニエとの訣別

ドイツ行きの切符を買うつもりだったのに、直前でパリに行先を変更して汽車に飛び乗った。ということになっているが、真偽のほどは定かではない。ル・コルビュジエの語ることは、よくあることだが、脚色が入っているからだ。しかし、その後の彼の活動を見れば、パリに出たのは正解であるし、このときの判断に間違いはなかった。

レプラトニエは、ラ・ショー=ド=フォン時代のシャルル・エドゥアールにとって、ただの美術教師ではなく、メンターとして、画家を目指していた彼を建築家ル・コルビュジエへの道に導いた最も重要な人物である。「(私は)師としてレプラトニエ先生という魅力的な教育者に幸運にも巡り合えた。彼が私に芸術の扉を開いてくれた」(『全作品集』第1巻)と語っている。

レプラトニエは装飾芸術を通して自然の見方を教え、建築の道を開いた。彼のもとでシャルル・エドゥアールは装飾芸術家ウジェーヌ・グラッセを知り、グラッセによって建築家オーギュスト・ペレに出会った。装飾芸術家を「憧憬の的」としていたシャルル・エドゥアールは、「建築は完全さの中に建てられるべきものである。しかし通常、装飾は欠陥を蔽《おお》い隠すカモフラージュである」とペレにいわれたことで、構造を学ぶことに興味を覚える。1910年には装飾芸術の現在を見てレポートを書くようドイツに派遣され、工業技術や新しい美術や建築の潮流に触れる。そして、各地の建築家(1908年にはペレ、1911年にはベーレンス)のもとで修業をしたことが、鉄筋コンクリートと鉄こそが新たなフォルムを創りだす唯一の分野であると気づかせ、結果的にレプラトニエのもとからの卒業を促《うなが》すこととなったのである。

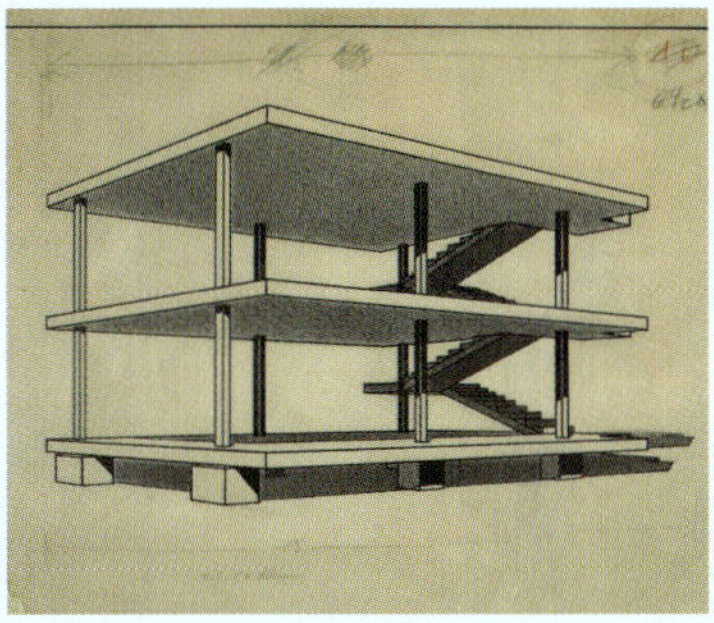
《ドミノ》イメージスケッチ

スイス人気質と伝統的建築

シャルル・エドゥアールがスイス時代に考案した最も重要なものが「ドミノ」システムである。これは第一次世界大戦後の被災者向けの復興住宅のために簡易に建てられるシステムを、という観点から考えられた、柱と床と階段だけの骨組みによる構造である。簡単にいえば、それまでの石積みの壁の建物から、柱による建物への転換を意味しており、これがパリに出てから手掛けることになる新たな建築の出発点となっている。

スイスや中欧には伝統的な木造建築が多い。ヌーシャテル湖には、先史時代から湖畔に柱を建て、その上に住宅をつくる方法で湖上住居が建てられた。また山岳部のヴァリス地方には、日本の校倉造《あぜくらづく》りのように、ネズミ返しがついた高床式《たかゆかしき》の穀物倉庫が建てられている。彼の革新的なピロティのルーツはこうした伝統的な建築に求めることができるかもしれない。また近郊には、暖炉を中心とした部屋をもつ伝統的なスタイルの農家があり、その空間と突き出た煙突の形状は《チャンディガールの州議会議事堂》(1955年)、《フィルミニの教会堂》(1960〜2006年)などへ展開された。

自然への理解と新時代の技術についての知識の蓄積と、伝統的建築の記憶や、インターナショナルでかつ、その土地の文化を大切にし、粘り強く逞しいスイス人気質が、彼の創造者としての素地を形成したのである。それらが故郷を離れても彼の行動規範となり、逆境にあっても不屈の闘志を燃やし続けることができたのであろう。

ようやく修業時代は終わりを告げ、彼は新しい世界に足を踏み入れていく。時に30歳であった。

part 2

1918 | 1928

(31～41歳)

パリでの建築家デビュー

1923

レマン湖畔の《小さな家》

両親のための2度目の住宅。コンパクトな空間にいろいろな仕掛けがある。レマン湖の絶景が美しい。

1928～31

《サヴォワ邸》

「新しい建築の5つの要点」の完成形。20世紀を代表する、明るく、清潔で、機能的な住宅建築。

1923～25

《ラ・ロッシュ＋ジャンヌレ邸》

独身の銀行家ラ・ロッシュ氏と、兄夫婦のための2軒1棟の住宅。「建築的プロムナード」が楽しめる。

パリ・デビュー

シャルル・エドゥアール・ジャンヌレが活動を開始した、第一次世界大戦が終わったばかりのパリは、華やかに浮足立った時代だった。数多くのアーティストたちがパリを目指してやってきた。彼が新時代の建築を世に問おうとしたのは、時代の要請、必然であった。

当初、なんの伝手《つて》もないシャルル・エドゥアールは、スイスの人脈によって得たコンクリート資材会社のコンサルタントとして働くも会社は倒産してしまうし、貧しく不健康な生活のせいで視力が悪化し、網膜剥《もうまくはく》離《り》によって左目の視力は失われてしまうなど、なかなか過酷なスタートだった。そんなとき、ペレの紹介で画家アメデ・オザンファンと知り合うことで、彼は新しい世界に足を踏み出す。油彩を描き、「ピュリスム」を宣言し、絵画展を行い、ブラック、ホアン・グリス、ピカソ、リプシッツら芸術家たちとの交流をもち、1920年に総合芸術雑誌『レスプリ・ヌーヴォー』を創刊し、この雑誌上で建築に関するテキストを執筆するためにペンネームを使う。「ル・コルビュジエ」の誕生である。そして、彼の建築に対する発言は徐々に注目を集めるようになっていく。

ル・コルビュジエの制作と出来事

1918年 31歳	画家アメデ・オザンファンと知り合い、二人で「ピュリスム」を宣言 油彩展 『キュビスム以後』
1919年 32歳	オザンファン、詩人のポール・デルメと「レスプリ・ヌーヴォー」設立 「モノル住宅案」
1920年 33歳	『レスプリ・ヌーヴォー』創刊（〜25） ル・コルビュジエの名前を使い始める。フェルナン・レジェと知り合う。「シトロアン住宅案」
1921年 34歳	ドゥルエ画廊で油彩展。ローマ旅行
1922年 35歳	再従弟のピエール・ジャンヌレと建築事務所設立。イヴォンヌ・ガリと知り合う。「300万人の現代都市計画」「イムーブル・ヴィラ」《オザンファン邸》（〜24）
1923年 36歳	両親のための《レマン湖畔の小さな家》 オザンファンと絵画展 《ラ・ロッシュ＋ジャンヌレ邸》（〜25、現在はル・コルビュジエ財団本部）『建築をめざして』
1924年 37歳	セーヴル街35番地に事務所を移転。労働者向けの《レージュの住宅》と《ペサックの住宅群》（〜25） アトリエ住宅《リプシッツーミスチャニノフ邸》
1925年 38歳	《レスプリ・ヌーヴォー館》「ヴォワザン計画」『今日の装飾芸術』『近代建築名鑑』『近代絵画』（オザンファンと共著）
1926年 39歳	「新しい建築のための5つの要点」発表。父ジョルジュ没。《ギエット邸》《救世軍難民院》《スタイン＋ドゥ・モンジー邸》
1927年 40歳	スペイン、ベルギー、ドイツ訪問。「ワイセンホーフ・ジードルング」で2住宅。「国際連盟コンペ」
1928年 41歳	『住宅と宮殿』。プラハとモスクワ訪問 《サヴォワ邸》（〜31）《ネスレ・パビリオン》《セントロソユース》（〜29） ラ・サラで「現代建築国際会議（CIAM）」第1回会議を開催

ル・コルビュジエの右腕、ピエール・ジャンヌレ

ピエール・ジャンヌレ（1896〜1967）は、外科医の息子としてジュネーヴに生まれた。建築教育を受けた後、オーギュスト・ペレのもとで働く。再従兄のル・コルビュジエが事務所を作るときから行動をともにし、彼の右腕となった。ごく簡単にいうと、ル・コルビュジエがアイデアを出し、ピエールが実現できる形にし、それをル・コルビュジエが宣伝をする、といった具合であった。しかし、二人をよく知る吉阪隆正は、「私にはどうも彼が今まで自分の発明の如く述べている多くの考えの内に、どれだけが真に彼で、どれがむしろピエール・ジャンヌレの発明にかかわるかの区別がつかないのである。……案外ピエール・ジャンヌレの方が多く貢献しているのではないか」「ピエールが与えた刺激に彼が反応を示し、真の意味を表現する芸術にまで高めたのではないか」と書いているように、二人の関係は非常に密なものであった。第二次世界大戦中、政治に対して確固たる信条をもっていないル・コルビュジエに対して、ピエールは、レジスタンスとなることを選んで再従兄のもとを離れるが、戦後、インドの仕事から再び協働している。ピエールはインドに常駐し、地元の人びとをよく理解し、数多くの住宅や学校などを建て、パンジャブ州正式認可の建築家兼都市計画家に任命された。表に出て発言をして目立つル・コルビュジエに対して、地味で実務派、彼を理解し、支えることができたピエールがいなければ、ここまで成功することはできなかっただろう。

建築設計事務所の設立

ル・コルビュジエは、再従弟のピエール・ジャンヌレとともに、1922年に設計事務所を立ち上げる。このわずか数年はル・コルビュジエをジャンプアップさせた重要な日々であった。

「公平に、楽観的に、自発的に、忍耐強く、そしていつも機嫌よく、私たちは仕事をはじめた。互いに理解しあえる二人は、バラバラの5人より強い」と語るように、二人の息は合っていた。彼らの活動拠点は、庶民的な雰囲気が漂うセーヌ左岸のサンジェルマン・デ・プレの近くにあった。様々なアーティストたちもこの界隈《かいわい》のカフェを根城に構えていた。彼らは知り合ったアーティストたちの家をつくるなど、少しずつではあるが、住宅建築を通じて実力をつけていった。やがてル・コルビュジエとピエールは、旧体制のアカデミーから疎ましい存在として認知されるまでになっていった。

「機械時代」の「新しい生活の頁がめくられねばならない」（『今日の装飾芸術』）と語るル・コルビュジエがめざした建築は、明るく清潔で機能的なものであった。鉄筋コンクリートによって生み出されるその建築の特長は「新しい建築の5つの要点」にまとめられた。

ピュリスムの作品

オザンファンとの出会い

「山高帽に眼鏡、それに牧師の外套という出で立ち」という時代遅れで全く洗練されていないシャルル・エドゥアールのスタイルは遠くからでもすぐにわかるほどだった。

シャルル・エドゥアールはペレを介して近所に住んでいた画家アメデ・オザンファンと知り合う。スイスから出てきたばかりの田舎者の彼にとって、すでにパリのアート界で知己《ちき》も多く、場慣れしたスマートなオザンファンは身近にいる憧れの存在となった。スイス時代には、自然の風景を水彩で描いたり、あるいはフォーヴィスム風の激しい色調の絵画を描いたりしていた彼が、穏やかで落ち着いたオザンファンの作品に魅了されたのも無理はない。オザンファンに誘われて、今までとはずいぶん違った絵画を描くようになったり、一緒に大西洋沿岸まで遊びに出かけたりした。当時のシャルル・エドゥアールはオザンファンの弟のように振る舞っていた。

《垂直のギター》1920年（ル・コルビュジエ財団）

「われわれの眼は純粋の形に狂喜する」（ル・コルビュジエ『今日の装飾芸術』より）

純粋な幾何学の美

「幾何学こそは人類の偉大なる創造であり喜びである」（『今日の装飾芸術』）。

オザンファンは、自分たちが提唱する芸術の新しい動きを「ピュリスム」という言葉で表現した。それはピカソやブラックらのキュビスムの流れをくみながらも、批判的に継承していくもので、純粋な幾何学的形態によって対象物を表現することを特徴とした。さらに、それは絵画だけにとどまらず、シャルル・エドゥアールは工場で大量生産される簡素な日用品のなかにもピュリスムの美を見出し、オザンファンの定

COLUMN-1

《オレンジ色のワインボトル》1922年
（ル・コルビュジエ財団）

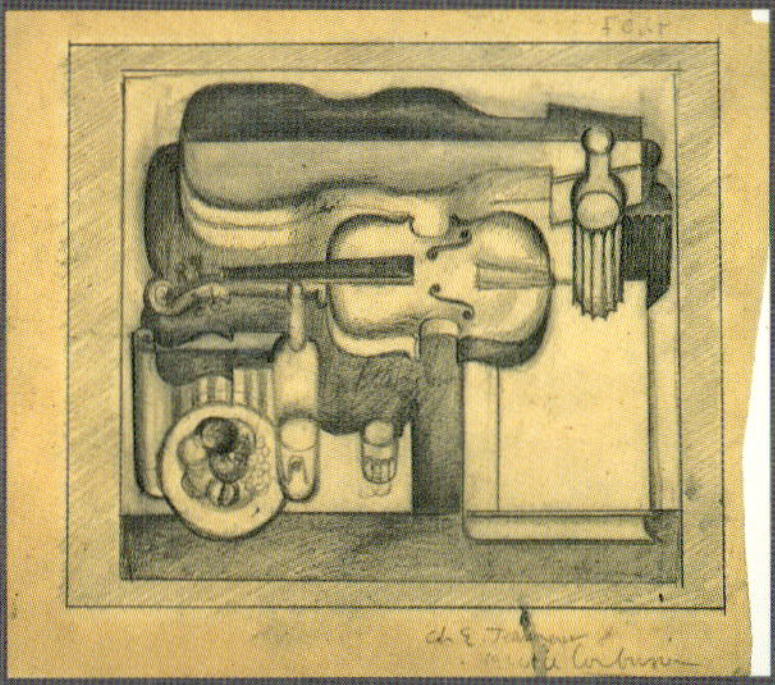

《ヴァイオリンとヴァイオリンケース》1920年
（大成建設ギャルリー・タイセイ）

義を発展させて、建築にも応用させようとしたのである。

シャルル・エドゥアールがパリに来て最初に描いた油彩《暖炉》は、台の上に豆腐のような塊が載っている、稚拙にも思える作品。しかし、この作品は

《たくさんのオブジェのある静物》1923年（ル・コルビュジエ財団）

彼にとっては大いなる第一歩を刻《こく》したものだった。やがて、純粋な形態の瓶やコップを幾何学的な構図のなかで描く手法も次第にこなれたものとなり、オザンファンと区別がつかないようになっていく。当初は2〜3種類の物体を描いていたが、徐々に対象物の数が増え、作品の構図は複雑になり、線は動きを持ち始める。次第に、静かに安定し洗練に向かうオザンファンと、内からのパワーを抑えきれなくなっているシャルル・エドゥアールの画面には違いが目につくようになってくる。1925年の国際装飾芸術博覧会（アール・デコ博）に出品した作品は、それまでの100×81センチのカンヴァスには描ききれない大きさと複雑さをもった作品に変化していた。作品の変化と同様、オザンファンとシャルル・エドゥアール・ジャンヌレとの間の関係も変わり、訣別《けつべつ》へと至った。

オザンファンとの親密な交流は終わったが、長年にわたり友好関係を保ったのが、画家フェルナン・レジェである。社会と芸術との接点を求め、建築にも興味をもっていたレジェは、彼の数少ない友人の一人であった。

そして、もう一人挙げておくべき画家がいる。素朴派の画家アンドレ・ボーシャンである。彼の絵に力強さや濁りの無さを感じたのであろう。シャルル・エドゥアールはボーシャンの絵を購入し、自宅寝室に掛けていた。

雑誌『レスプリ・ヌーヴォー』第1巻 1920年（大成建設ギャルリー・タイセイ）

「ル・コルビュジエ」誕生

画家アメデ・オザンファン、詩人ポール・デルメと創刊した総合芸術雑誌『レスプリ・ヌーヴォー（＝新精神）』のタイトルは、アポリネールが1917年に記した言葉からとられた。1920年発行の第1巻の冒頭には「新しき精神がある。それは建設の精神であり、明朗な理念に導かれる、総合の精神である」と記し、絵画、彫刻、建築、医学、音楽、スポーツなどあらゆる分野を網羅した。本誌はわずか5年あまりの寿命であったが、当時発行された新時代を象徴する革新的な雑誌の一つであった。アドルフ・ロースの『装飾と罪悪』をフランスで最初に紹介したのはこの雑誌である。号数を大きく真ん中に置く、わかりやすい表紙デザインはル・コルビュジエの再従弟であるピエール・ジャンヌレが構想したものである。

この誌上で、シャルル・エドゥアールは初めて「ル・コルビュジエ」というペンネームを用い、建築に関するテキストを執筆した。発行当初、あまり執筆者が集まらなかったことから、オザンファンとシャルル・エドゥアールは一人で何本ものテキストを執筆したが、そのことを隠すために彼らはいくつものペンネームを使いわけた。シャルル・エドゥアールが使ったペンネームはほかにポール・ブーラールやL.C.などがあった。「ル・コルビュジエ」はすでに絶えた親戚「ルコルベジエ」からとられたもので、そこの「ル」を分けることで、「ル・ノートル」や「ラ・ファイエット」のように高貴な印象を与えたり、人名というより普遍的な存在として認知させようと考えたのではないかと思われる。また鳥のような相貌をしていることから、コルボー（大鴉《おおがらす》）をイメージしたのかもしれない。実際、彼はサインの代わりによく鴉を描いている。

アカデミーへの戦闘開始

誌上でル・コルビュジエは前世紀的な古い技術や装飾を否定し、「住宅は住むための機械である」に代表されるフレーズで新しい住まいを提唱した。工場で生産される製品にはまだまだ粗悪品があった。それは工業製品を安物扱いし、否定することにつながった。汚点、

COLUMN-2

「装飾は死んだ。そして建築の精神が定着する。一体何が起こったのか？ 機械時代が生まれたのだ」
（ル・コルビュジエ『今日の装飾芸術』より）

❶レスプリ・ヌーヴォー館の外観

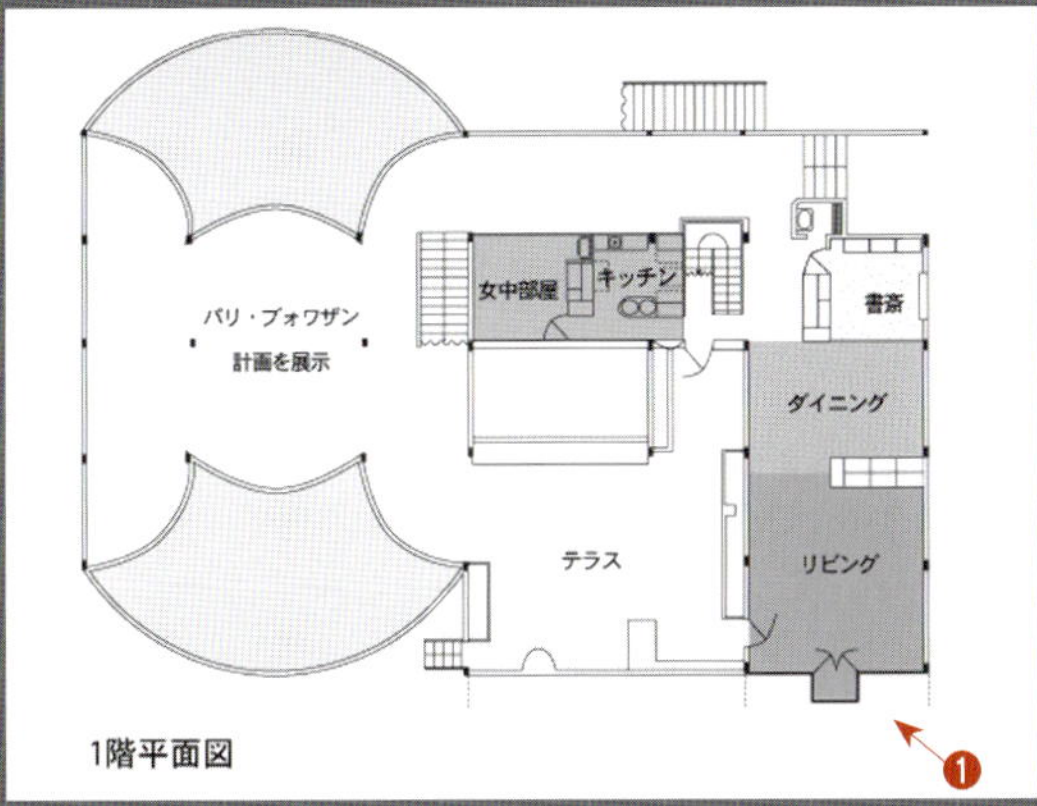

レスプリ・ヌーヴォー館の1階平面図

キズは装飾でごまかしてしまおうとした。それが進むとせっかくのシンプルで上質な工業製品にまで、ゴテゴテの装飾をつけ始めてしまった。あらゆる織地に、陶磁器に、ガラス器に。こんな風潮すべてをル・コルビュジエは激しく非難した。こうして工場で大量生産される簡素な日用品を賛美する一方で、旧態依然のアカデミーからの脱却を訴えた。

「レスプリ・ヌーヴォー」誌上で展開された過激な発言は、『近代絵画』（オザンファンと共著）、『建築をめざして』、『近代建築名鑑』、『今日の装飾芸術』というタイトルで単行本化されて出版された。

1925年にパリで開催された国際装飾芸術博覧会には、《レスプリ・ヌーヴォー館》を建てて参加した。半分のスペース（写真左奥）で都市計画をプレゼンテーションし、残るスペース（写真中央から右）は高層アパートの一住戸分の、いわゆるモデルルームを建て、これからの時代の暮らし方を提示した。すっきりとした室内には自らが描いた絵を掛け、リプシッツの彫刻を置き、トーネット社の籐椅子や間仕切りになる機能的な戸棚が置かれ、新時代を象徴する飛行機の模型が壁に掛けられた。キラキラとした装飾を前面に押し出したこの博覧会において、異質な《レスプリ・ヌーヴォー館》は、当局によって人目から遠ざけられてしまったが、そのことが一層ル・コルビュジエの闘志に火をつけたのはもちろんのことである。

Villa Le Lac

レマン湖畔の《小さな家》

Le Corbusier

機能的な仕掛け満載の小住宅

1923年

❶ ©Olivier Martin Gambier/FLC

両親のための居心地の良い家

パリへ出奔《しゅっぽん》後もスイスでは数点の作品を手掛けたが、その一つがレマン湖畔に建てた両親のための《小さな家》である。ル・コルビュジエはここを頻繁に訪れており、地理的にも精神的にも彼がスイスから全く離れるということはなかったのである。

この湖畔の《小さな家》は、とても気持ちの良い住宅である。ル・コルビュジエは両親が穏やかに暮らせる家を作ろうと計画した。二人が暮らすのに、そんなに大きな家は必要ない。ル・コルビュジエはまずプランを考え、そのプランが当てはまる場所を探した。そして、ヴヴェイという、ローザンヌとモントルーの間に位置し、北にワインのためのブドウ畑が広がり、南がレマン湖に面した、格好の素晴らしい土地を見つけた。住宅の面積は60平方メートルほどでさして広くはないが、目の前に開けたレマン湖の眺望が全長11メートルの横長窓によって室内に取り込まれ、広々とした印象を与え、窓際

❶道路側外観。そっけないほどシンプルな塀と住宅北側の壁の向こうにはレマン湖がすぐそこまで迫っている。
❷レマン湖側外観。建築当初は漆喰壁だったが、壁にヒビが入ったため、1950年の改修時にアルミシートで覆った。

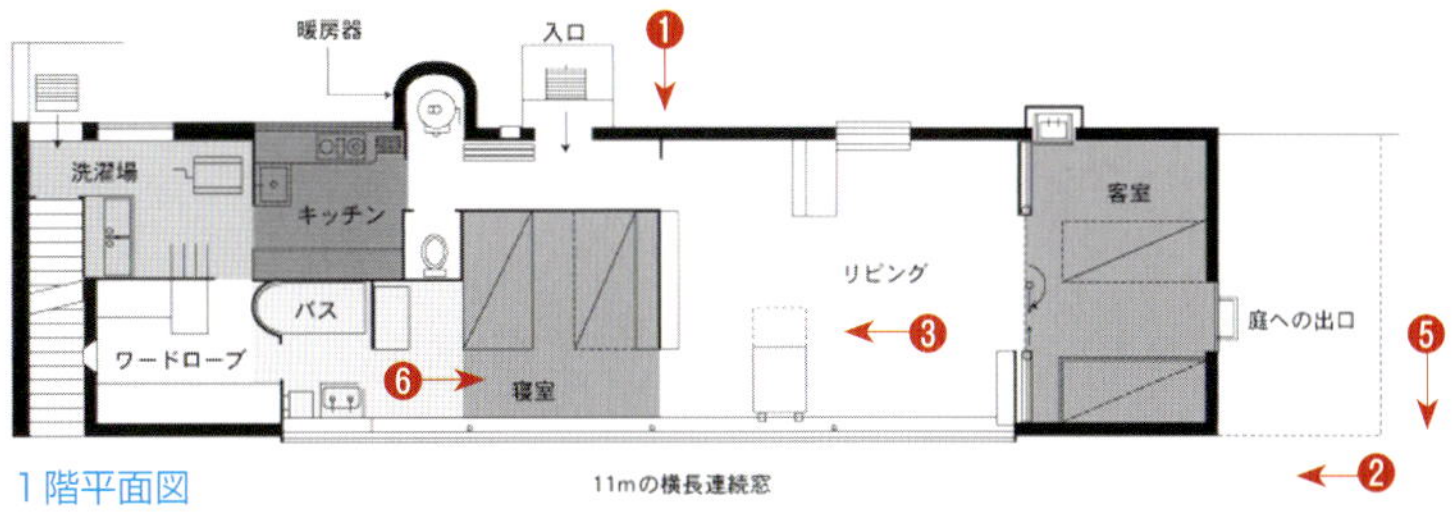

1階平面図

❷
©Olivier Martin Gambier/FLC

に座ると船に乗っているかのようである。しかも、湖面の反射光は眩《まぶ》しくないように計算されている。横長連続窓の手前には細長い台が設けられ、そこにはテーブル板をひっかけるようになっており、移動させることができる。テラス側は来客用スペースとなっていて、狭い空間を効率よく利用するため、ベッドは壁のなかに収納され、必要なときに出す仕掛けとなっている。ほかにも、犬用の踏み台といった動物たちのための工夫がなされ、屋上庭園には草花が育ち、現代の屋上緑化のはしりとなっている。庭の隅には壁で覆われた一隅がある。レマン湖の眺望は壁に開けられた四角い小さな窓からしか眺められないが、広々した自然を切り取り、エッセンスだけを見せることで額縁に納まった景色はより強調され、かえって広がりと奥行きを感じさせる。ル・コルビュジエが見せた窓のもう一つの機能である。

ジャンヌレ一家の小さな故郷

父ジョルジュはこの家に2年ほど

©Olivier Martin Gambier/FLC ③

④

③居間、左側にレマン湖の眺望が広がる。

④母マリーと談笑するル・コルビュジエ。彼は何かにつけ母のもとを訪問した。結婚後も妻イヴォンヌとは別行動をとってクリスマスを母と過ごすことさえあった。

⑤庭の片隅に設けられたテーブルとベンチのコーナーは壁によって視界が遮られているが、こうすることで風景を額縁のなかに入れるような効果が生まれた。

⑥母マリーの部屋。女性らしく壁の色はピンク。机は若い頃ル・コルビュジエが母のためにデザインしたもの。突き当りに開いているのはテラスへの出入口で、その手前が来客用スペースである。

⑥ ©Olivier Martin Gambier/FLC

しか暮らすことなく亡くなったが、母マリーは１９６０年に１００歳の長寿を全うするまで、この家で暮らした。ラ・ショー＝ド＝フォンの旧《ジャンヌレ・ペレ邸》を売却した一家にとって、この家は小さいながらも唯一の故郷であり、心のよりどころであった。ル・コルビュジエと兄アルベールは、しょっちゅう母を訪ねてこの家に滞在した。彼ら兄弟と母マリーと彼女の愛犬ノラの写真が残されている。

　現在は文化財として管理され、一般公開されている。

5 ©Olivier Martin Gambier/FLC

Maisons La Roche-Jeanneret

ラ・ロッシュ+ジャンヌレ邸

Le Corbusier

「建築的プロムナード」を楽しむ

1923〜25年

❶

写真提供：相原正明

銀行家ラウル・ラ・ロッシュ

20世紀初頭は科学や工業がめざましく発展した時代であり、その技術の進歩は人びとを幸せにすると楽観的に考えられていた。ル・コルビュジエももちろん、技術を信頼し、機械の美を称賛した一人である。住宅を「住むための機械」と表現したのは、走り、飛ぶという目的をひたすら追求して作られた自動車や飛行機のように、住宅も快適で健康的で幸せな暮らしという目的に向かって、真摯に取り組むことの必要性を説いたものであった。

1920年代前半において、ル・コルビュジエはまだパリでは全く無名の存在であり、知り合ったアーティストたちのアトリエ兼用住宅をつくるほか、仕事はあまりなかった。そんな彼の困窮《こんきゅう》を救ったのはスイス人のネットワークであり、なかでも、同郷の銀行家ラウル・ラ・ロッシュは自宅を彼に任せただけでなく、アート・コレクターでもあったラ・ロッシュは絵画の収集をも彼に

©Olivier Martin Gambier/FLC ❷

❶ラ・ロッシュ邸部分。中央が膨らんだ曲面が氏のコレクションを展示するギャラリー。写真には写っていないが、この家の右側にル・コルビュジエの兄アルベール夫妻のための住宅が長屋形式で作られた。

❷ラ・ロッシュ邸2階ギャラリー部分。3階へはカーブした壁に沿ったスロープで上がる。スロープは、ル・コルビュジエの建築言語の一つ。

❸ラ・ロッシュ邸の玄関ホールは3層分吹抜けとなっており、2階の渡り廊下で結ばれている。

写真提供：相原正明 ❸

任せた。

その絵画コレクションは、生まれ故郷のバーゼルの美術館などに寄贈され、質の良いキュビスムの作品で知られている。そのなかにはラ・ロッシュに頼まれたル・コルビュジエがオークションで獲得してきた作品も含まれている。オザンファンとル・コルビュジエが訣別した原因の一つが、ラ・ロッシュのために購入した作品とその展示方法にあったともいわれている。

散策を楽しむ家

この住宅は、パリの高級住宅街「16区」に位置し、アパルトマンが多いパリにあって、贅沢な戸建て住宅である。「ドクトゥール・ブランシュ」という小路の突き当りに建てられ、ル・コルビュジエの兄アルベール・ジャンヌレ夫妻のための家と2軒つづきで1棟という形をとっている。

《ラ・ロッシュ邸》に入ると、3層分吹抜けの広いホールがあり、ここを囲むように、部屋が配され、それらが、渡り廊下と階段によって結

©Olivier Martin Gambier/FLC

❹　写真提供：フロジェ典子

❹ラ・ロッシュ邸ギャラリー。スロープ下から奥を見上げる。
❺吹抜けの玄関ホール横の渡り廊下はホールを挟んで向かい合う部屋をつないでいる。全面ガラスに接し、トップライトだけでなく側面からも十分に太陽を取り込んでいる。建築のプロムナードにとって、渡り廊下は重要である。

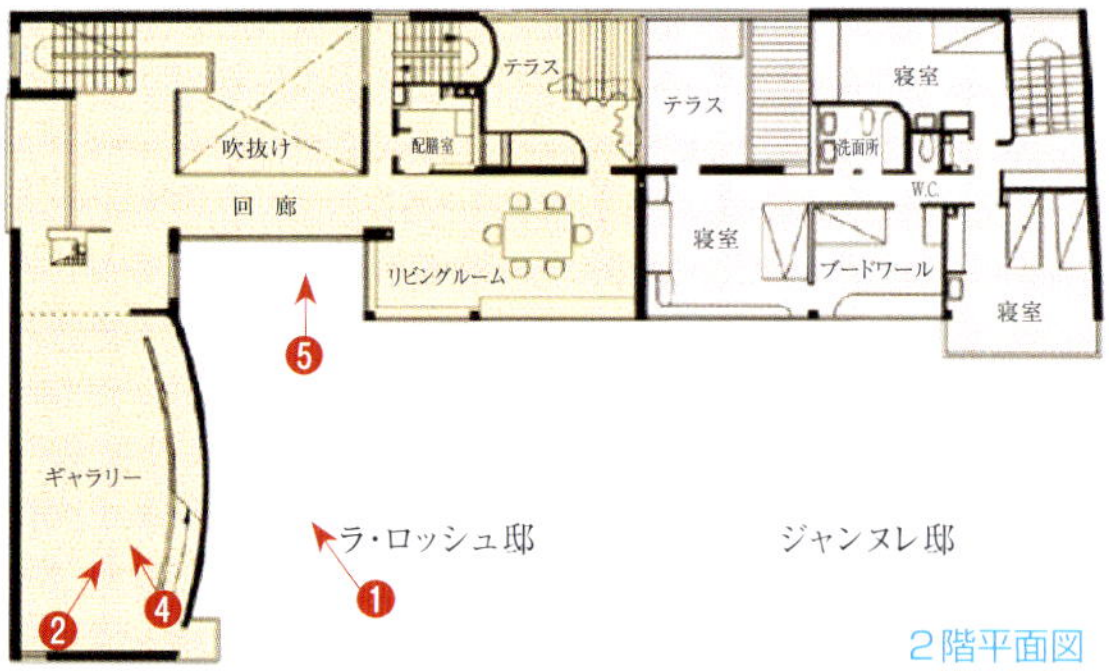

2階平面図

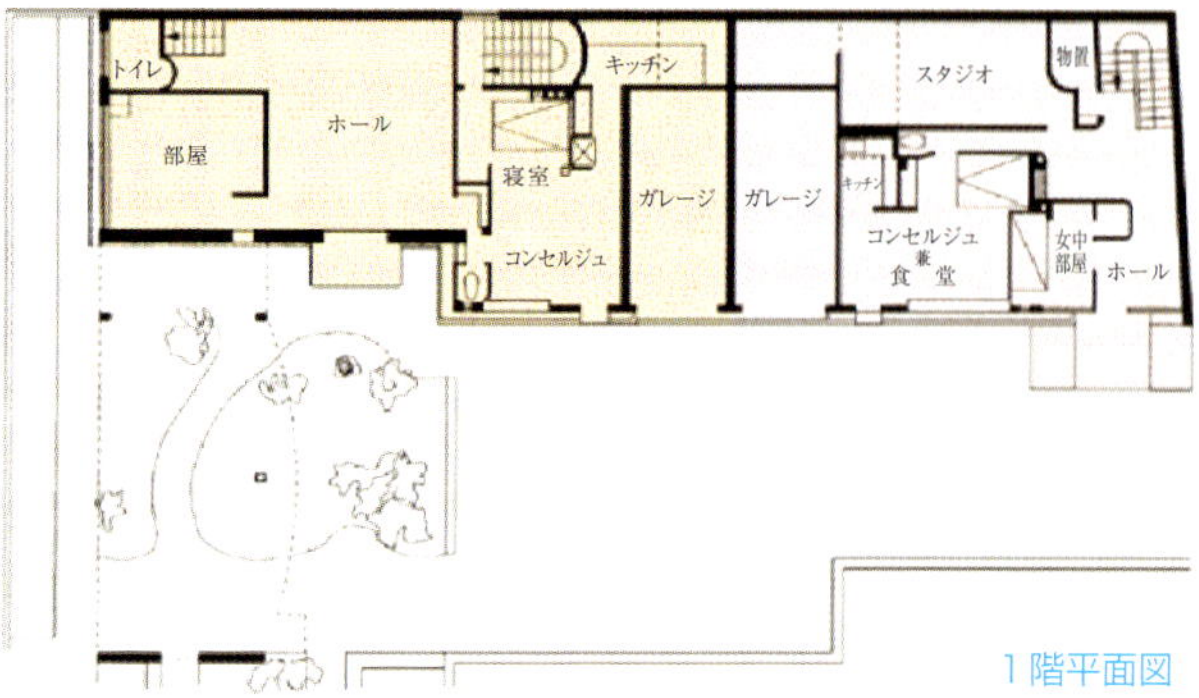

1階平面図

ばれている。ピロティ上にあたる、横に突き出た部屋は、ラ・ロッシュの絵画コレクションを展示するギャラリーとしての部屋であり、2階分の高さがあり、天井下のスリットから明るい陽射しをもたらしている。

❺

この湾曲した壁面に沿ってやや急なスロープがあり、コレクション作品を眺めながら、スムーズな空間移動ができるようになっている。「建築的プロムナード」とル・コルビュジエが名付けたとおり、歩きながら、空間の連続性がもたらす変化が楽しめる。

なお、ギャラリーのV形脚のテーブル、ギャラリーの斜路下の本棚上の照明シェード、斜路反対側の壁の照明シェードは、1927年の改修時にシャルロット・ペリアンがデザインしたものである。

2014年には壁の色をオリジナルの状態に戻すための修復工事がほぼ終了した。それまで白一色と思われていた外壁は淡いクリーム色に塗り直され、一般に「白い箱」と呼ばれていたル・コルビュジエの20年代の作品がじつはそうではなかったことが判明した。

現在、《ジャンヌレ邸》部分はル・コルビュジエ財団のオフィスとなり、《ラ・ロッシュ邸》部分は一般公開されている。

Villa Savoye

サヴォワ邸

Le Corbusier

「澄みきった時間」と呼ばれる名住宅

1928～31年

❶ © kozlowski/photoarchitecture.com

20年代の集大成

施主はパリで保険会社を経営する富裕なピエール・サヴォワ氏とその家族（妻と一人息子）であり、週末を家族あるいは親しい友人を招いて楽しく過ごすためのウィークエンドハウスとして依頼された。パリからはおよそ20キロ。敷地からは眼下にセーヌ川が見えたようだが、現在は樹木が伸び、高校の校舎が隣接して建ち、全く見えなくなってしまった。20年代に手がけた住宅建築の集大成であり、いまや20世紀を代表する住宅建築として知られている。

彼は1926年に「新しい建築の5つの要点」を発表した。それらは「ピロティ」「横長連続窓」「屋上庭園」「自由な平面（プラン）」「自由な立面（ファサード）」である。これらはすでに他の住宅でも実現しているが、この《サヴォワ邸》が最もこれらの要素が洗練された形で実現されている。

❸ © kozlowski/photoarchitecture.com

❷ © kozlowski/photoarchitecture.com

❶芝生にふわりと着陸した宇宙船のような外観。柱部分は鉄筋コンクリートで、壁は大部分が煉瓦積み。雨水は柱のなかを通して排水しようとしたことなどから、竣工直後から、この住宅は水に悩まされた。
❷来訪者は道路から入ってすぐの門番の家の前を通りすぎ、広々した芝生の庭園に出、右に折れて直進すると、建物の下に導かれる。ピロティの柱とガラス壁面の間を通り、エントランスへ進む。車はそのまま建物に沿って進むと、ガレージに至る。
❸壁に囲まれたテラス。2階には横長窓がついた壁に囲まれた大きなテラスがあり、テラスをほぼコの字で囲むようにして部屋が配されている。いずれの部屋も隅々まで陽射しが差し込む。まさに「澄みきった時間」を味わえる。

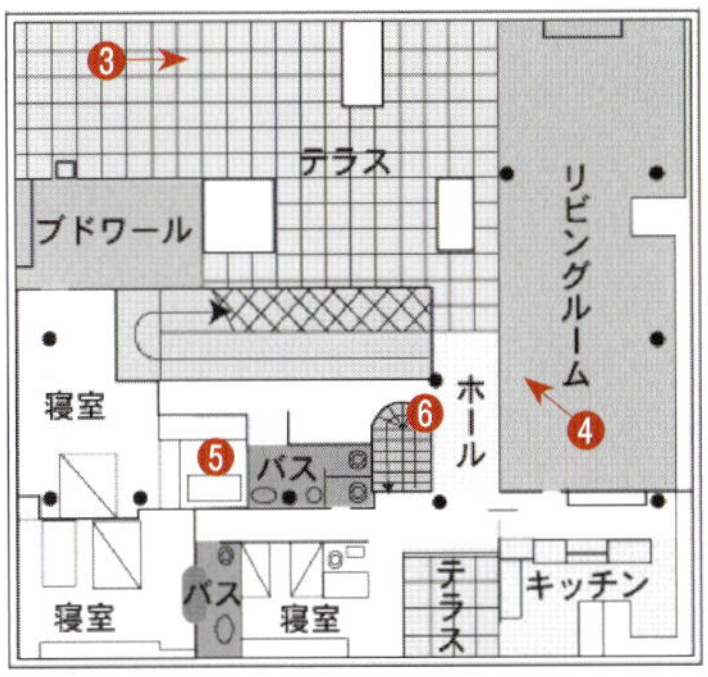

2階平面図

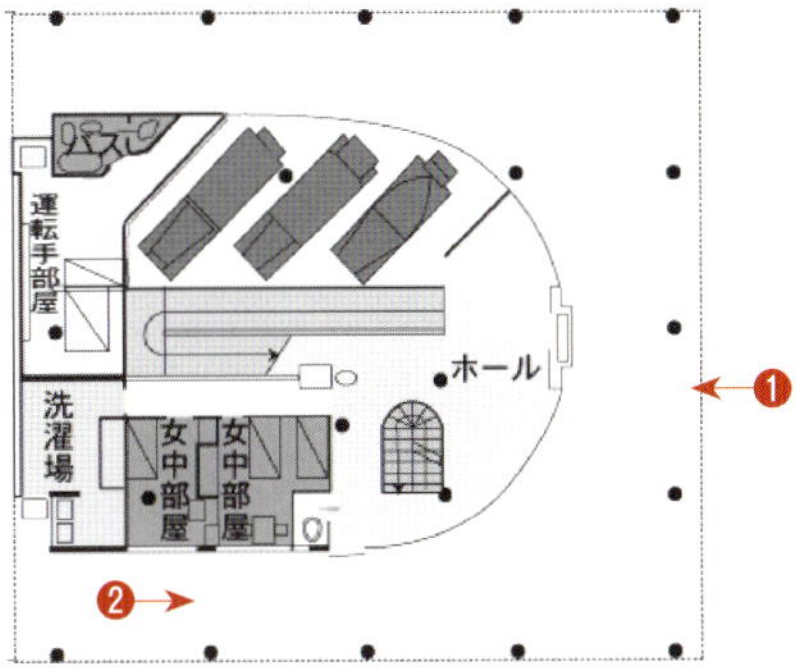

1階平面図

色彩がつくる躍動感

《ラ・ロッシュ＋ジャンヌレ邸》がそうであったように、20年代のル・コルビュジエの作品は白を基調に展開されていたが、外も中も真っ白な、単なる「白い箱」ではなかった。「白が喜びの輝きを示すようにするには、それを囲んで色彩のざわめきが必要と悟った。鉄筋コンクリートの中に、〈自由な平面〉の萌芽を見た私は、建築に色彩を適用することをおもいついた。それによって空間が作られ、変化が生じ、魂のはずみに応じ、したがって生命の躍動を迎えるに適《かな》うとみた。極彩色は人生の開花に適している」（『建築学生への談話』）と語ったように、白さを際立たせるために、その隣の壁には、彩度の低い色が塗られた。そして陰になる部分には赤茶色やこげ茶色、木や芝生に続く部分には緑色。水回りには青。他の部屋にはブルーやピンクといった色が選ばれた。これらの色は彼のカンヴァスでよく用いる色であり、年を経て絵画が変わり、原色を用いた強い色彩を用いるようになる頃には、建築でもコンクリートのグレーのなかで浮きたつ原色が用いられるようになっていくのである。

　戦中から戦後にかけて、この住宅は倉庫として使われた。当時の写真を見ると、もとの面影が全くないほど破壊されてしまったが、その姿を修復し、文化財指定を受けるまでに、ル・コルビュジエ自身も尽力した。一度は訪問すべき住宅建築である。

© kozlowski/photoarchitecture.com ❹

© kozlowski/photoarchitecture.com ❺

❻

© kozlowski/photoarchitecture.com

❹2階リビングからテラスを見る。テラスからスロープを上がると、テラスから正面に見える額縁のような壁に開口がある。《サヴォワ邸》は歩けば歩くほど、新たな景色が展開する「建築的プロムナード」が楽しめる住宅である。

❺2階バスルーム越しに寝室を見る。廊下やトイレにもトップライトからの光が差し込み、青いタイルを用いた浴室は水底を思わせる。バスタブ脇の間仕切りは、長椅子を思わせるカーブを描き、身体を休めるのにちょうど良い。ただ、カーテン1枚でバスルームと寝室がつながる間取りは、馴染みづらい。

❻サヴォワ邸ではスロープの横にらせん階段が対比的に置かれている。滑らかにゆるやかに上下を移動するスロープに対して、らせん階段はくるくると回りながら激しい上下運動を促す。

COLUMN-3

ル・コルビュジエと日本

日本とル・コルビュジエとの出会い、ブームへ

ル・コルビュジエが初めて日本で紹介されたのは、1922(大正11)年のサロン・ドートンヌでのル・コルビュジエのプレゼンテーションに感激した薬師寺主計《やくしじかずえ》が1923年8月号の『建築世界』に掲載した「欧米を巡りて(仏蘭西の青年建築家コーブーセ・スーニエ氏に会ふの記)」である。薬師寺が記した若き建築家のイメージは、当時の建築家たちの心に強い印象を残したことだろう。ボザールに留学中だった

アントニン・レーモンド《夏の家》(1933年、現・ペイネ美術館)ル・コルビュジエの《エラズリス邸》案を参照してつくられた。

中村順平《なかむらじゅんぺい》は帰国後、帝都復興の「東京都市計画提案」を行い、入選しているが、その復興計画スケッチには明らかにル・コルビュジエからの影響を見ることができる。ル・コルビュジエはこの二人によって、まず日本の建築界にその名が伝えられた。ほかにもル・コルビュジエの活動に注目していた建築家は少なくなかった。本野精吾《もとのせいご》、坂倉準三《さかくらじゅんぞう》などは、欧米の雑誌や書籍を通して早い時期からル・コルビュジエへの関心を高めていたし、今井兼次は『建築をめざして』の原書を手にし、同時に画家として「純粋派の彼の作品に親しんだ」と語っている。

続いて、1925年のパリ国際装飾芸術博覧会での「レスプリ・ヌーヴォー館」については、森口多里《もりぐちたり》、筒井新作《つついしんさく》が訪問の印象を語っている。その後、新しい建築潮流紹介の一環として取り上げられるだけでなく、ル・コルビュジエに会い、建築を見た者たちの体験が語られるようになるにつれて、彼に対する関心は徐々に熱を帯びてくる。そして、彼に対するエールが頂点を迎えるのが1929年である。

この年には5月号と6月号の2号連続で『国際建築』がル・コルビュジエ特集を打った。

『国際建築』は1928年に創刊し、1940年まで発行された。編集者は小山和正で、蔵田周忠《くらたちかただ》、岸田日出刀《きしだひでと》、土浦亀城《つちうらかめき》らが執筆者として参加し、海外の建築を紹介し、鋭い批評も展開された。ル・コルビュジエのほかには、フランク・ロイド・ライト、ベーレンス、メンデルゾーンなどの建築家を扱った特集や、鉄筋コンクリート、博物館といったテーマ特集が組まれ、日本的建築というテーマについても特集された。この時期、非常に特徴的で重要な雑誌であった。

東大教授として、前川國男《まえかわくにお》をはじめ多くの建築家を育てた岸田日出刀は、この特集号で、「最も現代的なものこそコルビュジエーである。現在コルビュジエーは世界の建築を動かす指導的の大きな王位を占めている」と切り出し、ほかの建築家たちも、ル・コルビュジエの建築論の素晴らしさや彼の行動力を称えている。2号連続で特集を組むほど、ル・コルビュジエの名前は浸透していたわけで、「ル・コルビュジエ・ブーム」が巻き起こった。実際、「コルビュジエに心酔の余り、コル病患者となる血の気の多い先生も現れたであらうことも1929年の現象である」(伊藤正文「昭和四年に於ける建築思想界の動き」『建築と社会』

１９３０年）として、「コル病患者」なる言葉まで登場するほどで、当時のル・コルビュジエの人気ぶりがうかがえる。それまでも『国際建築』や『建築世界』誌上でル・コルビュジエの著書は部分翻訳が紹介されていたが、この年、宮崎謙三訳による『建築芸術へ』も出版されている。彼らがこんなにもル・コルビュジエに熱中したのは、彼が唱えた新しい時代の建築のコンセプトに魅了されたのは勿論《もちろん》だが、彼のプレゼンテーションによって心を奪われた者たちが少なくなかった。

当時、最もクールな男性として人気があった作家、吉行エイスケは、小説『女百貨店』（１９３０年）において、「（太田ミサコは）築地河畔のコルビジェ風のアパートメントの一室を訪れた。雑誌『流行』の宣伝部長のカリタは、ミサコを自室に案内すると、隣室の同棲者に三人の食事を云ひつけた」と書いた。１９３０年においてル・コルビュジエ風のアパートは新しい東京の風俗を語る小説の舞台として描かれ、「ル・コルビュジエ風」とは新しく都会的でお洒落であることを意味している。それほど、ル・コルビュジエという名前は、建築家の間だけでなく、当時すでに流行に敏感な人々の間には流通していたのである。

ル・コルビュジエ建築にみる「日本らしさ」

やがて、１９３０年代における建築界の最大のテーマ、「いかに日本的な建築をつくるか」を追求するとき、モダニズムの建築家たちは、これからの新しい日本を表現するに相応しい「日本らしさ」の表現方法に腐心していた。そこで帝冠様式《ていかんようしき》に対する鋭い批判が出る一方で、欧米の建築をそのまま導入することにも批判的な意見が数多く存在したとき、欧米最先端の建築を唱えるル・コルビュジエの建築に日本らしさを見出したのである。つまり、牧野正《まきのまさ》巳《み》がル・コルビュジエ建築と日本建築の共通性を語ったように、建築家たちはル・コルビュジエの建築論を恰好な例として日本建築との比較対象として記している。彼らが考えたのは、日本建築と最先端の近代建築の共通点を示すことであった。欧米人が最近になってようやく可能にしたことを、日本人ははるか以前から成し遂げていた、それだけ日本建築は歴史があり、素晴らしい、という論法である。日本建築の優位性を謳うためにル・コルビュジエは利用されたといってもよいだろう。このときには、薬師寺がル・コルビュジエと面談した際にかけられた、「願くは徒らに欧米の輸入と模倣を止めて東洋に根を持つ大きな建築芸術の生れんことを希望す」という言葉が再び脚光を浴びている。

１９３９年には、『新建築』がル・コルビュジエ特集号を制作し、作品を紹介した。そして同じ年、丹下健三が「MICHELANGELO頌―ル・コルビュジエ論の序説として」を発表している。これが戦前における最後のル・コルビュジエ論といえるだろう。引用したい。

「Le Corbusierはいま、現代建築をより高め、より深めて一つのクラシックを創り出すという使命をもっているといえないだろうか。（略）Le Corbusierは唯一人、無限の進路を開いて、造形の公道を歩んでいるのである。（略）その孤独の営みを見るとき、独創しつつ造型し続けることの、余りの悲痛さに心打たれるのである」（『現代建築』１９３９年12月号）。

若い丹下健三がミケランジェロを語ることを通してル・コルビュジエへの思いを綴っている非常に熱を帯びたこの文章は、ル・コルビュジエの文章にも通じるものがあろう。そして、彼自身がル・コルビュジエと同様に「使命」を帯びて建築に向かうことを引き受ける覚悟を語っている。多くの建築家が、すでにル・コルビュジエについて語ることを止めたとき、戦争に向かう困難な時期に丹下健三によって捧げられたこの文章ほど、ル・コルビュジエにふさわしい称賛は無いのではないだろうか。

このあと、第二次世界大戦が始まり、建築界ではぷっつりと新たな建築作品の建設が途絶え、建築系雑誌も相次いで休刊となった。

日本人ははっきり見えないル・コルビュジエの姿を追い求め、遠距離の片思いをし続けた。あるときは、ル・コルビュジエ以外は誰の姿も見えないほど熱中し、あるときは可愛さ余って憎さ百倍というほどに非難し、あるときは自分たちの考えを通すために彼の力を借りた。ル・コルビュジエとの距離は徐々に縮まったが、多くの人々が彼の作品をリアルタイムで理解できるようになるには、まだまだ時間がかかった。そして、再び彼の作品が伝えられ、その変貌に大いに驚かされるのは、戦後しばらく経ってからのことである。

国際文化会館の前での記念撮影

ル・コルビュジエの弟子たち

戦後、フランスへの留学が再開された1回目（1950年）に渡仏したのが吉阪隆正《よしざかたかまさ》であり、20年代末にル・コルビュジエのもとに行った前川國男、30年代の坂倉準三《さかくらじゅんぞう》と、それぞれ異なる時期のル・コルビュジエを身近に体験した。彼らの尽力があって、《国立西洋美術館》はル・コルビュジエの手によって実現することとなる。他にも、牧野正巳、進来廉《すずきれん》など数人の建築家が若い頃、ル・コルビュジエのアトリエで学んでいる。こうした若者たちは帰国後、日本において大きな影響力をもつ建築家となり、あるいは大学で教鞭をとった。ル・コルビュジエの建築とその思想は、彼らの言葉や次々と翻訳されたル・コルビュジエの著作を通して、日本の若者たちに引き継がれていった。

1920年代から脈々と受け継がれたル・コルビュジエへの敬愛の念が、日本人の建築的素地を形成した結果、日本人は世界で最もル・コルビュジエ好きといわれるほどになったのだろう。また、独学で学び権威と闘ったル・コルビュジエという人間が、判官びいきな日本人には入り込みやすい物語性をもっていたこと、そして、建築以外の様々な分野でも作品を作り続けたという間口の広さが、常に私たちをひきつける人気の理由かもしれない。

前川國男の事務所で図面を見るル・コルビュジエ

part 3

1929－1944
（42～57歳）

暗い時代を乗り越えるために

1930～33
《スイス学生会館》
コンクリートと石とガラス、直角と曲面など対比の表現。戦後の改修で読書室には大型壁画が描かれた。

1931～34
《ナンジュセール・エ・コリ通りのアパート》
最上階にル・コルビュジエ夫妻が住む、設備充実の快適な集合住宅。

1936
《新時代館》
パリ万博のために建てられたパビリオン。巨大なカラフルなテントのなかは、パネル、模型などで構成された。

世界大恐慌から第二次世界大戦へ

ル・コルビュジエが《国際連盟本部》コンペで入選するも、実際には採用されなかったことに対して、ひと悶着あった。激しく怒った彼が『住宅―宮殿』などの著書によって、さんざんに当時のコンペにかかわったアカデミーのお歴々を罵《ののし》ったあと、世の中はちょうどアメリカ発の世界大恐慌の荒波にすっかり飲み込まれてしまい、それまでの華やかで楽しかった宴の気分は一気にしぼんでしまった。そしてそれは同時に、第二次世界大戦に至る長い長い戦争の時代の到来を告げる時代の気分であった。

計画を提案し続ける日々

1930年は私生活において大きな転機であった。この年にル・コルビュジエはフランス国籍を取得し、年末にはイヴォンヌ・ガリと結婚したのである。

1930年代、ル・コルビュジエはいくつかの住宅や集合住宅を手掛けるも、その数は多くはなかった。しかし、それは他の建築家たちにとっても同様のことであった。次第に時代は切迫したものとなり、20年代のように明るい未来を語ることは徐々に難しくなっていたのである。そんな時代に、ル・コルビュジエは仲間をあつめ、「現

ル・コルビュジエの制作と出来事

1929年 42歳	家具を発表。《ムンダネウム》計画 ジョセフィン・ベーカーと出会う 南米の都市計画
1930年 43歳	モスクワ、スペイン旅行。フランス国籍取得。イヴォンヌ・ガリと結婚。《スイス学生会館》(～33)。アルジェの都市計画案
1931年 44歳	スペイン、アルジェリア訪問。《ナンジェセール・エ・コリのアパート》(～33、ル・コルビュジエの住まい)。サルブラ社の色見本帳
1932年 45歳	ストックホルム、オスロ、アンヴェール、アルジェなどを訪問
1933年 46歳	CIAM 第4回大会(アテネ)「アテネ憲章」起草(43年出版)
1934年 47歳	アルジェ、ガルダイア訪問。農地再組織の研究(～38)
1935年 48歳	MoMA の招きで初渡米。ジョセフ・サヴィナと出会う。《レ・マトゥの家》『飛行機』『輝く都市』
1936年 49歳	南米訪問。《10万人のスタジアム》計画。初めて壁画を描く。初めてタピスリーを制作
1937年 50歳	パリ万博に《新時代館》建設。CIAM 第5回大会(パリ)。『伽藍が白かったとき』発表
1938年 51歳	チューリッヒの美術館などで絵画展。船で大怪我をし手術。『大砲、砲弾?もう結構!住宅をお願いします』《E1027》に壁画
1939年 52歳	都市計画準備研究会(C.E.P.U.)設立、ジャン・ジロドゥと会う
1940年 53歳	パリ占領。イヴォンヌ、ピエールとともにオゾンへ疎開
1941年 54歳	ヴィシー政府のペタン元帥に接触『パリの運命』『4つの交通路』
1942年 55歳	パリに戻って、ASCORAL 設立。『人間の家』(F.ド・ピエールフウと共著)『ミュロンダン構法』
1943年 56歳	モデュロール研究に着手。『建築学校の学生たちとの対話』

1930年代

《アルジェの都市計画》

各地で都市計画を提案したが、最も力を注いだのは、地中海に面した港町アルジェの都市計画だった。

最愛の妻イヴォンヌ・ガリ

1922年に知り合った南仏生まれのモデル、イヴォンヌ・ガリと、1930年にヴェルサイユ近郊の「オーベルジュ・サン・ピエール」で結婚式を挙げた。ル・コルビュジエ43歳、イヴォンヌ38歳であった。ル・コルビュジエの母親はこの結婚に反対で、イヴォンヌのことを認めなかった。この嫁姑問題はずっと続き、彼は長年悩まされることとなる。夫婦の間にも、ル・コルビュジエの浮気やイヴォンヌのアルコール依存症といった問題もあったが、彼は生涯ヴォンヴォン(VonVon=イヴォンヌの愛称)を愛し続けた。

代建築国際会議(CIAM)」の大会を開催し、建築が対応すべき問題について世の中にアピールしていくことを続けていった。

ル・コルビュジエは、招待されて南米にたびたび講演旅行に行った。1929年、初めて南米に行った帰りの船では、黒人レビューの大スター、ジョセフィン・ベーカーと乗り合わせ、彼女のスケッチを描いている。その後も南米に行く機会は多く、その経験を活かして、自らすすんで都市計画案を提示すること数回であった。また、この間、アルジェリアのガルダイア地方を何度も訪問し、ムザブの谷を飛行機で飛び、空から見た砂漠の街に感激している。飛行機に乗ることで鳥瞰《ちょうかん》の眼差しを得たことは、彼の都市計画の考え方に影響を及ぼすこととなった。いずれも実現にはいたらなかったが、ヨーロッパでの都市計画コンペにも積極的に参加し、「輝く都市」を世に問い続けた。

いよいよ戦争が迫ると、仕事が無い数年間を送らなければならなくなった。アメリカに逃げ出す芸術家たちが多いなか、ル・コルビュジエはピレネー山脈のふもとの村オゾンに疎開した。この頃、彼は暇にまかせて絵画を描いていたが、これが当時の彼の暮らしを支えた。知人たちが彼の絵画を買ってくれたのだ。

ピュリスムからの脱却

雑誌『ミノートル』1号表紙　1933年

詩的な感情を喚起する静物

1925年、ル・コルビュジエはオザンファンと別れ、ピュリスムから脱皮する。厳格な構図のなかに瓶やコップや楽器といった幾何学的形態を一筆書きのように描いていた画面から、構図の厳格さは変わらないものの、対象物の輪郭は徐々に丸く膨らんでくる。それはちょうど彼の建築のディテールにみられる膨らみと共通している。

1928年頃からシャルル・エドゥアール・ジャンヌレは絵画作品にも「ル・コルビュジエ」とサインするようになる。それまでは建築に関する活動では「ル・コルビュジエ」、絵画には「シャルル・エドゥアール・ジャンヌレ」と使

《ランタンのある危うい調和》1931年（大成建設ギャラリー・タイセイ）熱いものと冷たいもの、硬いものと軟らかいもの。画面左右で相反する要素が文字どおり「危うい調和」で均衡を保っている。

COLUMN-4

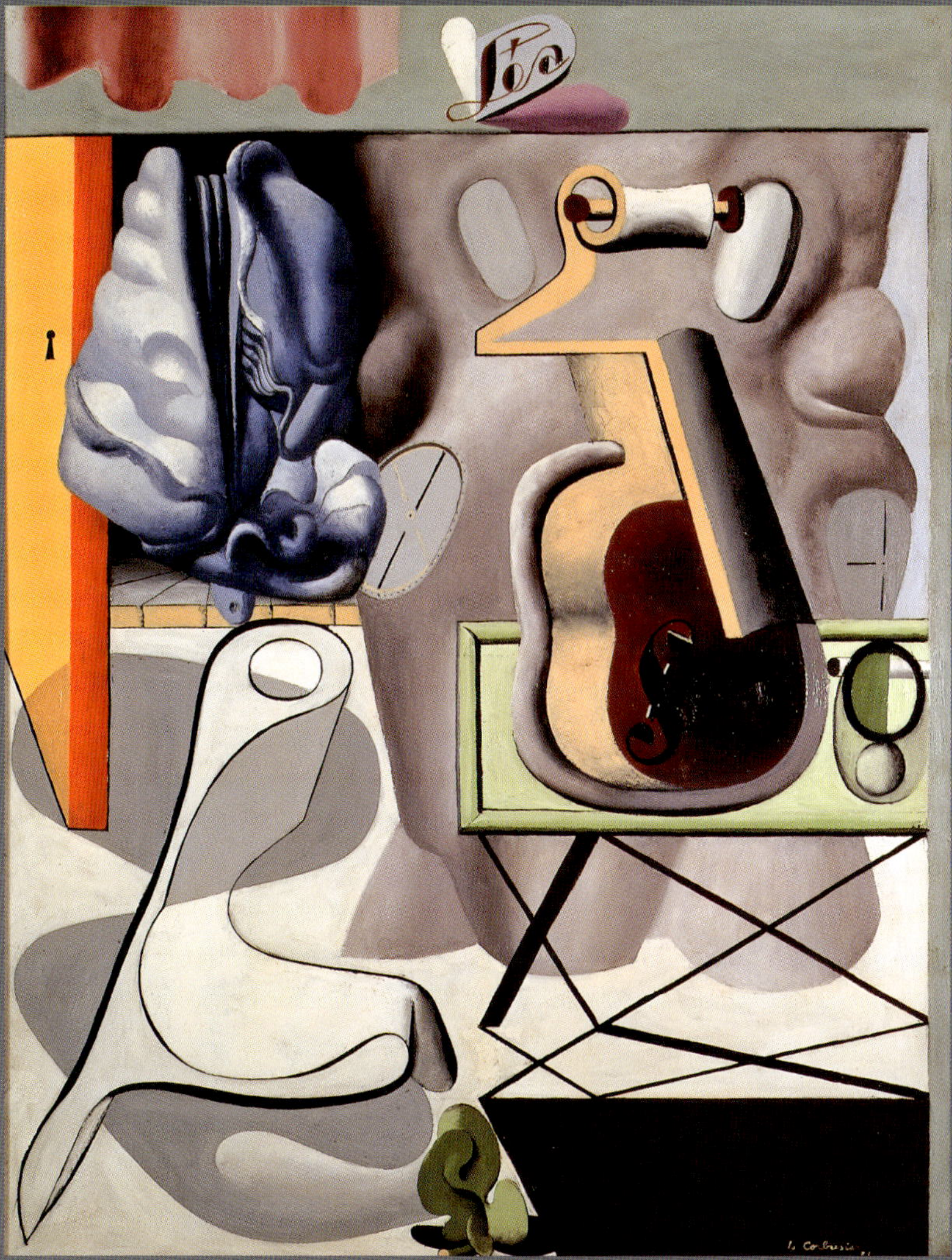

《レア》1931年（大成建設ギャルリー・タイセイ） バカンスで行くピケの民宿ヴィダル家の庭先の風景が元になっていると思われる。貝殻と骨が浮遊する非現実感が印象的。

い分けていたのだが、ついに、建築家と画家が同一人物になった。と同時に、ピュリスムの画家「シャルル・エドゥアール・ジャンヌレ」という存在はいなくなってしまい、シャルル・エドゥアールは本当にプライベートな存在になったということである。

　そしてこの頃から、描く題材も変化し、骨、石、枝、手袋、マネキンなどが登場してくる。これらを彼は「詩的な感情を喚起する静物」と呼んでいる。生命のぬくもりがまだ感じられるような存在に、心魅かれたのだろうか。これらル・コルビュジエが好んで描いた物は、友人の画家レジェがこの時期選んだモチーフと重なっているし、描き方も共通する。オザンファンと別れてからのル・コルビュジエは、ひそかにレジェを追いかけていたかのようである。ル・コルビュジエはそれほど交友関係が広い方ではなかった。そのなかで、レジェとの交流は長く続き、最も影響しあった友人であった。

シュルレアリスムへの関心

　当時の美術界を席巻していたシュルレアリスムにもル・コルビュジエは関心を示していた。彼が1920年代末〜30年代初頭に描いた作品には、奇妙な物体や、モチーフの意外な取り合わせ、現実感の乏しさなど、シュルレアリスム的な表現がみられる。

　シュルレアリスム第三の雑誌と呼ばれた『ミノトール』誌上に、親類のルイ・ステーの作品を紹介するテキストを執筆している。ステーは優れたバイオリニストとして、アメリカで活躍していたが、後に精神に異常をきたし、その半生を病院で過ごした。現在ではアール・ブリュットの画家として知られている。ル・コルビュジエはステーの作品を認め、彼を援助していた。

Pavillon Suisse, Cité Internationale Universitaire

スイス学生会館

Le Corbusier

新しい表現への挑戦

1930～33年

❶ ©Olivier Martin Gambier/FLC

対比の表現

ル・コルビュジエは1927年の《国際連盟本部》コンペの際、出身国スイスからも否定的な評価しかされなかったことが心外であり、最初、このオファーが来たときも懐疑的であったとされる。しかし、実際には母国の施設をつくることを熱望し、意欲をもって取り組んだ。

「パリ大学都市」内には、パリに留学している自国の学生のための寄宿舎である学生会館が様々な国によって建設されている。ル・コルビュジエはこのスイス館のほかにブラジルの学生会館も手がけた。ブラジル館はルチオ・コスタの仕事を途中から自分の仕事としたような経緯から、彼の作品のなかでは注目度が低い。ちなみに日本館はル・コルビュジエのスイス館のすぐ北隣にあり、バロン薩摩として知られる薩摩《さつま》治郎八《じろはち》が私財を投じて建てたものである。戦後留学した吉阪隆正《よしざかたかまさ》は当初、日本館に入り、毎日目の前のスイス館を見て暮らしたと述懐している。

❷ ©Olivier Martin Gambier/FLC

❶南東側外観。ガラスの前面にシェードが付いたのは戦後の改修による。

❷北側外観。奥から寄宿棟、階段室、読書室。コンクリートの壁画と湾曲した石積みの壁面とが対称的。

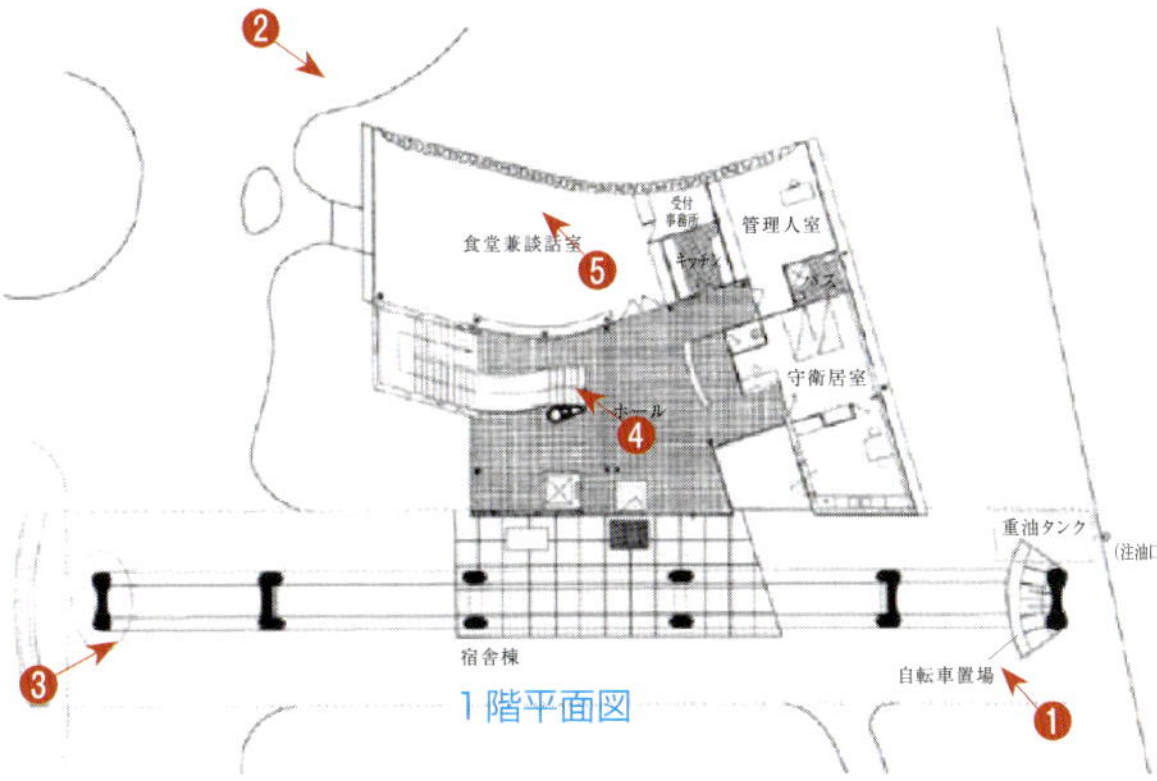

1階平面図

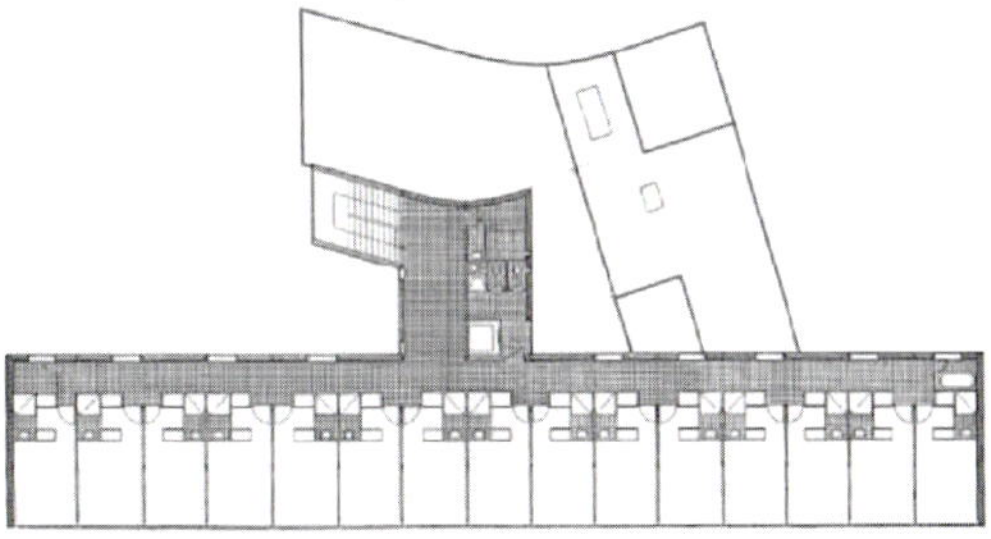

基準階

鉄筋コンクリート＋鉄骨造り。犬の骨に例えられる6列の太いピロティに支えられた実直な直方体をした寄宿棟と、乱石積みの表情が印象的な湾曲して突き出したホール棟、ガラスブロックが特徴的な階段室からなる。全室南向きの個室という方針は、スイス側評議会に受け入れられたが、ピロティはなかなか支持されなかった。また、部屋数の増加によって、屋上庭園は当初の予定から変更を余儀なくされるなど、ル・コルビュジエの思いどおりにいかない部分も多々あった。

外壁は、それまでの塗装で仕上げた住宅作品などとは大きく異なり、素材の質感とその輪郭を際立たせる「目地」がはっきりと示されている。とくに東西壁面に見られるコンクリートのパネルの整った目地、北側ホール棟の乱石積み外壁のランダムな目地の対比が際立っている。また質感に関しても、平板なコンクリートによる東西面、ガラスのカーテンウォールの南面、独立したガラスブロックの階段室、乱石積みの北側壁

❺ 撮影:Dustin Drew

❸ ©Olivier Martin Gambier/FLC

❹ ©Olivier Martin Gambier/FLC

面と、ファサードごとに全く異なった材質で表現している。ル・コルビュジエは湾曲した壁について「ごくありきたりの〈乱石積み〉を使って、仕事を愛するひとりの石工が建てたものである。こうすることで、古くから生きてきた事物が、まったく新しいピロティという骨のように単純かつ力強い、合理的だが多くの点で人を驚かすようなまったく新しい技術によるものと相和することになった」（ル・コルビュジエ／吉阪隆正訳『建築学校の学生たちとの談話』）と語っている。

　石壁を露出するのは30年代以降によく見られる。まずCIAMのパトロンとなった《ド・マンドロー夫人邸》が挙げられる。続いて、《六分儀の家》《ウィークエンドハウス》、戦後の《ジャウル邸》《サラバイ邸》などで見られる。軽井沢の《夏の家（現・ペイネ美術館）》のもととなったチリに建てるはずだった《エラズリス邸》も木と石を使う予定だった。低予算のため現地調達しやすい材料を選んだためであるが、その質感

を塗装などで隠すことを良しとせず、木目や石積みが生みだす模様をそのまま生かすことを選んだのである。

壁面を彩った新旧の壁画

　室内で最も目を引くのが、読書室壁面全部とエントランスホールの柱を覆った大型の写真壁画である。細胞や管、鉱物の拡大写真や風景など44枚のパネルで構成された。これをもって、「若者の精神を腐敗させる」ひどい代物だ、と新聞に酷評を書かれたル・コルビュジエは作品集にわざわざその文章を転載して、怒りをぶつけている。

　戦後、1948年に改修工事がなされた際に、彼は自分でこの壁画に新たな壁画を描いている。そこで描かれたのは詩画集『直角の詩』にも登場するシンボリックな図像であった。彼は再び非難中傷が来ることを覚悟していたが、今回はそういうことはなかった。この壁画を「沈黙の絵」と呼び、彼は壁画の内容について文字どおり沈黙を貫いた。

　建設当時はスイス的でないことなどからひどく批判されたこの作品も、50年代以降、評価が高まり、ル・コルビュジエ没後まもなく、文化省によって歴史的サイトに定められ、やがて歴史的建造物の指定を受けた。

❸それまでの建築で見られたピロティは、何本もの細い柱が建物を支えていたが、スイス学生会館のピロティは、太く力強い。「ル・コルビュジエが必要としていたのは、構造的に意味があり、風力荷重の問題を解決し、竪樋の位置を確保し、建物全体の意図と調和する形態である。スラブの中間に一列に並び、その本数は偶数であり、水平的にも安定し、視線を通し、側面からは同じように見えながら、実際は（特にエントランスの近くにおいて）変化をしており、動線の流れと建物の新たな『有機的』曲線を調和させる、そのようなピロティを彼は求めていた」。
「ピロティはヴィラ・サヴォアの細長い白いシリンダーとは異なり、コンクリート打放しのきわめてマッシブなものである。平面を見るとその形は犬の骨（dog bone）に似ており、セーブル街35番地のアトリエでもそう呼ばれていた」（引用はすべて、ウイリアム・カーティス／中村研一訳『ル・コルビュジエ─理念と形態』より）。

❹エントランスホールから読書室を見る。左手の階段の先は独立した階段室となっており、一面全てにガラスブロックが初めて使用されている。景色は見えないが、柔らかく陽射しを取り込み、明るい階段、踊り場と各階のホールを作っている。

❺読書室の壁。もともとこの壁面はフォトモンタージュで構成されていた。現在の壁画は1948年の改修時にル・コルビュジエ自身によって描かれたもの。大きく4つの部分で構成され、その内容は左から順に、『直角の詩』のC-1、E-4、E-3、C-5の絵柄と共通している。

Immeuble Molitor,24 rue Nungesser et Coli

ナンジェセール・エ・コリ通りのアパート

Le Corbusier

ル・コルビュジエの生活の拠点

1931～34年

❶

©Olivier Martin Gambier/FLC

❶外観。両側面は両隣の既存の建物と壁を共有し、東西のファサードは同じデザインとなっている。

❷かまぼこ形天井で高いところから陽射しが入る。これはル・コルビュジエの「画家のアトリエ」の系譜にあるプラン。「芸術家の家」案（1922年）は天窓付きのヴォールト天井となっている。さらにヴォールト屋根の自宅案（1929年）も描いている。彼は、画家の家＝ヴォールト屋根と考えていたのかもしれない。

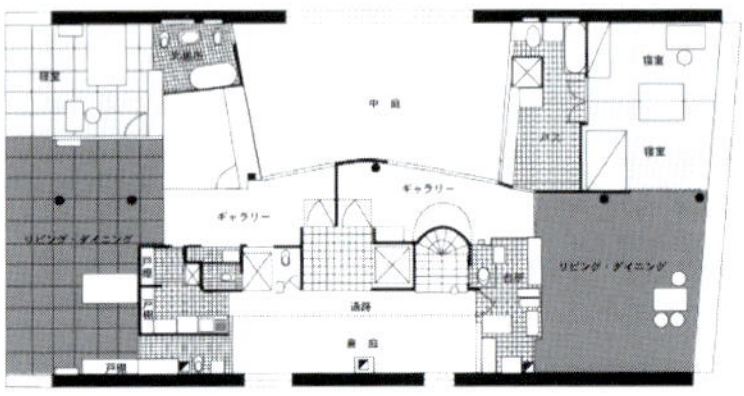

一般階平面図

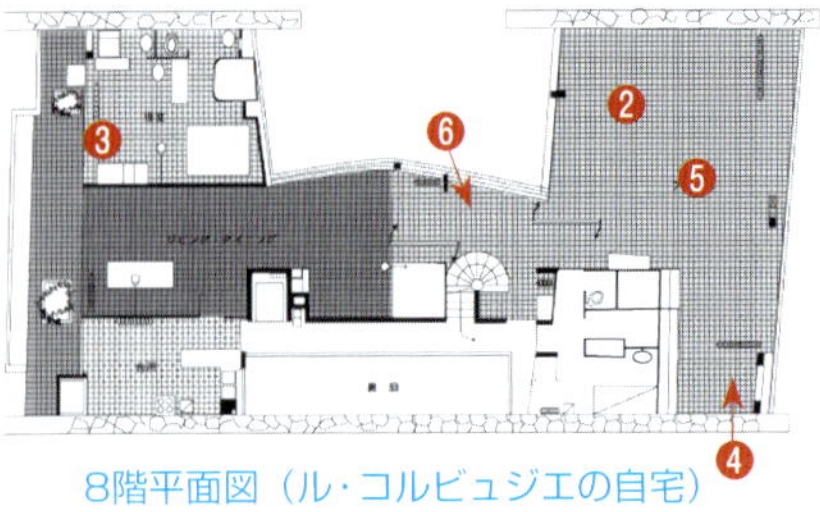

8階平面図（ル・コルビュジエの自宅）

"素材の時代"を象徴

この集合住宅が建つ通りの名前は、フランスで有名な二人の勇敢な飛行機乗り、シャルル・ナンジェセールとフランソワ・コリの名前を取っている。彼らは1927年、リンドバーグがニューヨークからパリへ横断飛行する前に、難しい逆ルートに挑戦して消息を絶った。飛行機好きのル・コルビュジエにこの通りの名前は相応しい。

ファサードを特徴づけるのは、黒いフレームで縁取られた大きなガラスとガラスブロック、スライディング窓である。30年代に多くみられたガラスを多用した作品の一例である。このアパートと、《イムーブル・クラルテ》《スイス学生会館》の三作品は表現が似通っているのだが、これらに共通する人物がジュネーヴの鉄鋼建材会社を経営していたエドモンド・ヴァネールである。彼は鉄材を供給するだけでなく、窓やドアの特許をいくつも取得し製造していた。《イムーブル・クラルテ》はヴァ

❷ ©Olivier Martin Gambier/FLC

ネールが開発に携わり、施主兼施工者となって完成させた集合住宅であり、《スイス学生会館》では窓の製造施工を行い、このアパートでの回転式ドアの施工もヴァネールが行った。

ル・コルビュジエ自身がディベロッパーになってつくったこのアパートは13×26メートルの2倍正方形からできている。ル・コルビュジエは最上階と屋上の2フロア分を占有しているが、基準階は東西に分かれ2戸の部屋がある。そのため、東向きの家と、西向きの家がある。裏、表が生まれないように東西に同じ顔を持つ両面ファサード(ダブルファサード)のアパートとなっている。塞がれた南北に中庭があり、これが明かりをもたらす光井戸となっている。セントラルヒーティングにトランクルーム、駐車場などの設備が完備されている。

パリのアパルトマンは隙間なく建っていて、隣の壁を共有していることが多いため、隣の壁がそのまま室内の壁となっている部分がある。

❸ ©Olivier Martin Gambier/FLC

❺

❹ ©Olivier Martin Gambier/FLC

ル・コルビュジエのアトリエの壁面もそうである。20年代の彼であれば壁を塗り固め質感を消し去っただろうが、ここではあえて煉瓦と石積みの壁をそのまま露出させている。外側の鉄とガラスの表情と室内の石積みの対比が面白い。ル・コルビュジエは30年代以降、素材の質感を生かした表現を行ったが、ここはそれがよくわかる例である。

ル・コルビュジエ夫妻の日常

ル・コルビュジエ夫妻は、それまで下町の雰囲気があるジャコブ通りに住んでいた。妻のイヴォンヌはその賑やかな雰囲気が好きだったが、ここ16区は静かな住宅街で、誰でもがすぐ立ち寄れるような雰囲気ではない。夫妻の日常の写真には、本を読むイヴォンヌ、犬と遊ぶル・コルビュジエ、というのどかな様子が見られるが、彼女は一人きりで過ごす毎日がつらかったようだ。人をもてなすのが好き、冗談を言うのが好き。そんなイヴォンヌにとって、近所にカフェの一つもない、高級住宅

❻ ©Olivier Martin Gambier/FLC

❸洗面室。機能的でコンパクトなデザインは大西洋航路の客船などから想を得た。
❹アトリエ横に設けられたル・コルビュジエの書斎スペース。ガラスブロックから差し込む光は眩しくなく、しかも明るい。小さいスペースながら、間仕切り兼用の棚は大容量で機能的。机の反対側にも引き戸の戸棚が完備されている。
❺ル・コルビュジエはこのアトリエで毎日午前中、絵を描いて過ごし、午後になってオフィスに顔を出した、といわれている。写真を見ると、部屋中に描きかけの作品が所狭しと立てかけられている。外では蝶ネクタイ姿がトレードマークだったが、部屋では常にラフな格好をしており、フランネルの、ちょうど登山をする人のような厚手のシャツを着て、モコモコの分厚い室内履きを履いている写真が残っている。
❻ル・コルビュジエ邸はメゾネットタイプ。玄関脇の、ル・コルビュジエお得意のらせん階段を上った上階は客室と屋上庭園である。

街のアパートの最上階で静かに日々を過ごすというのは、逆にストレスになったようだった。幸福な生活の場の創造がル・コルビュジエのテーマであったのに、彼が描いた理想は、最愛の妻が望むような生活にならなかったのは皮肉である。

1935年には、このアトリエを使って、画商のルイ・カレが「プリミティブ・アート」展を開催した。当時の写真を見ると、古代ギリシアの彫像のレプリカに、フェルナン・レジェやル・コルビュジエの絵画、古代の壺などが一緒に並べられている。ちなみに、このときのレプリカの彫像には彼が彩色を施したが、のちの彼自身の彩色彫刻との関係がうかがわれる。

ル・コルビュジエが住んでいた部屋は、彼の没後は建築事務所として使われた時代もあったが、修復後、現在はル・コルビュジエ財団の管理によって公開されている。

LC1スリングチェア
（写真提供：カッシーナ・イクスシー）

座るための機械

ル・コルビュジエの家具シリーズは、カッシーナ社がライセンスを取得し製造販売を行い、現在でも非常に人気がある。「ル・コルビュジエの家具」ということで、「LC1」「LC2」……という名称が使われているが、彼一人がデザインしたわけではなく、シャルロット・ペリアン、ピエール・ジャンヌレとの協働でつくられ、なかでも主導的だったのはペリアンで、彼女の功績大である。

「LC1」は背もたれが動く肘掛椅子、「LC2」はすっぽりと身体を包み込むダブルクッションのソファ。肉厚なクッションの隙間にはまる感じが、一見窮屈に見えて、じつは安心感があって心地よい。「LC3」はシングルクッションで幅が広い。そして、最もよく知られている「LC4（シェーズロング）」は人体のカーブが考慮され、すわり心地がよく、角度を変えれば昼寝にもってこいである。《サヴォワ邸》浴室のバスタブの縁は、この椅子と同じようなカーブとなっている。テーブル「LC6」も脚部にガラスの天板が載るだけというシンプルなデザインで、脚部の楕円形の断面をした鋼管は、飛行機で使われるパイプを利用している。これは飛行機好きのル・コルビュジエによる発想であろう。

ル・コルビュジエはじつはトーネット社の籐椅子を好み、自分たちが椅子をデザインする前はもちろん、その後につくった自宅などにもトーネットの椅子を入れている。なかでも、「No.209」がお気に入りだった。

LC2グランコンフォール（写真提供：カッシーナ・イクスシー）

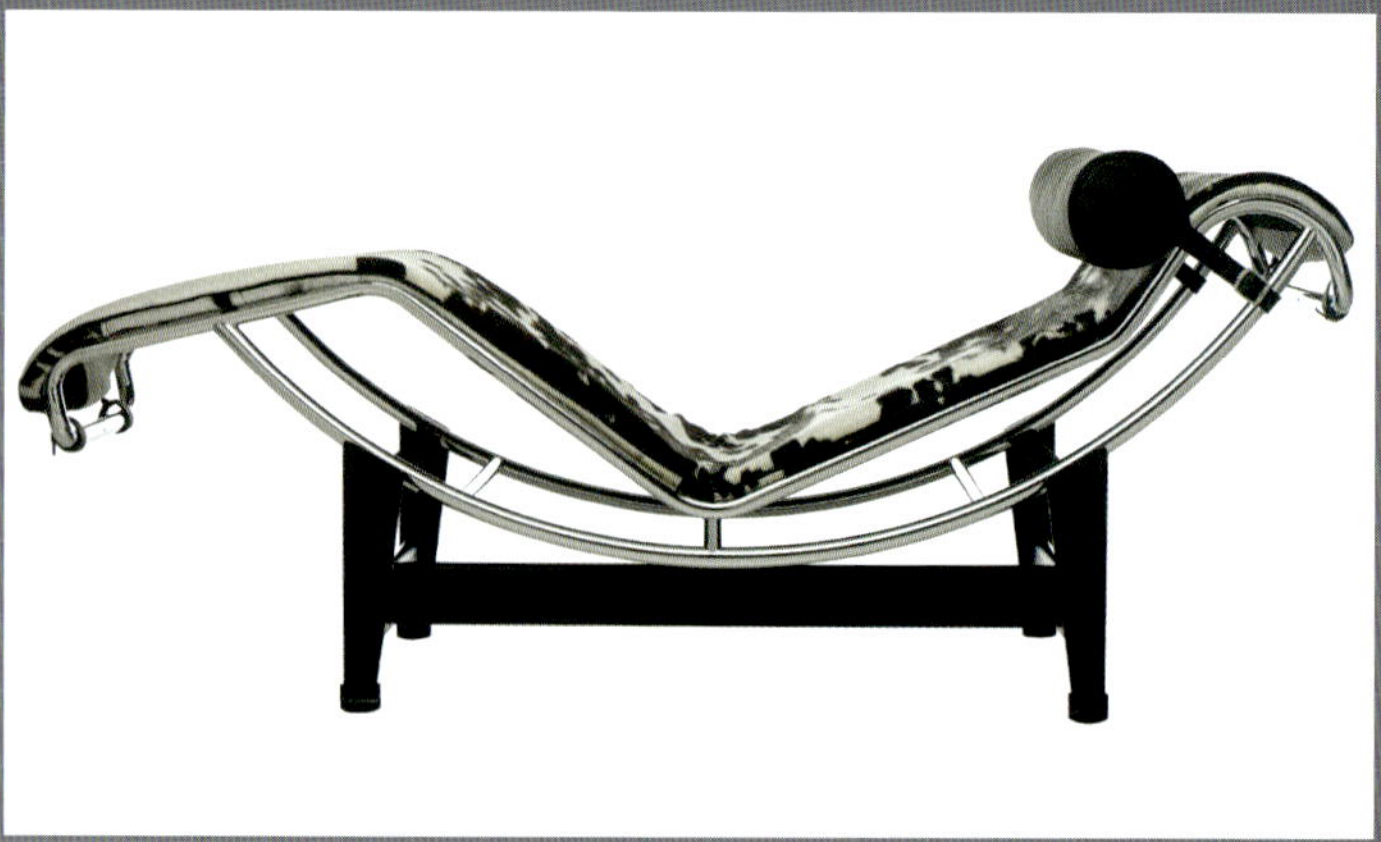

LC4シェーズロング（写真提供：カッシーナ・イクスシー）

「生活の芸術」シャルロット・ペリアン

ペリアン（1903〜99年）は「屋根裏のバー」でデビューした建築家で、ル・コルビュジエの本を読んで感激し、事務所に押し掛けて入所した、丸顔の溌剌とした活発な女性である。同時期に事務所にいた坂倉準三を通して、日本にも縁が深く、招聘されて日本に滞在していた最中に第二次世界大戦が勃発した。戦後は、「生活の芸術」をテーマに、快適で現代的な住空間の創造をめざし、ジャン・プルーヴェと協働して《マルセイユのユニテ》のインテリアを担当したり、エール・フランスのインテリアや、スキーリゾートのデザインなどを手掛けたりしたことで有名である。

出版

ル・コルビュジエ・ブランドの広報

ル・コルビュジエ以前にこれほどまでに自己アピールが上手な建築家がいただろうか？　彼は数多くの出版物を世に送り出したが、彼は出版することの意義をよく理解していた。ル・コルビュジエをル・コルビュジエたらしめたのは、著書や雑誌のおかげである。

数ある出版物のなかで最も重要なのが、自選の『全作品集』であり、この作品集は建築家作品集のプロトタイプとなり、後の建築家の手本となった。説明文（三人称で自分のことを語っている）も、レイアウトも全て（後の巻になると他の人の手も入るが）、ル・コルビュジエ本人による。その編集能力の高さはさすがで、とにかく第1巻の力の入れ方は半端ではない。作品の選定も自分で行っているため、『全作品集』と名乗りながら、全部の作品が収録されているわけはなく、完成作品でも掲載されないものがある一方で、計画案だけを延々と紹介しているものもある。そこに彼自身のなかでの重要度を計ることができる。しかも、『全作品集』と銘打つことで、公式資料集的な意味をもたせ、上手に自分に関する情報統制を敷いたともいえる。彼は事務所内で描いたスケッチを所員が勝手に持ち帰らないよう管理していたというが、こんなところにも彼が自分に関する情報を注意深く扱っていたことが窺えよう。生前は彼自身を通して提示された情報だけが全てだったが、没後に残されたのは、膨大な玉石混淆《ぎょくせきこんこう》な資料の山であり、彼はその山のなかに姿を隠してしまった。だから亡くなって何十年経っても、新たな発見がなされたりもするのである。

都市計画に関する発言をまとめた書籍もコンスタントに出し続けた。『輝く都市』『人間の家』『パリ計画』『三つの人間機構』『四つの交通路』など、とくに実施作がない時期こそ、文章の力が彼の存在価値を高めていた。

ル・コルビュジエはブックデザインも自分自身が行っていた。1938年に出版された『大砲、砲弾？もう結構！住宅をお願いします』はフォトモンタージュを多用した大胆なスタイルが目を引く。戦後には「深夜叢書社」から『ロンシャンの本』『電子の詩』などが出版された。これらは、いずれも正方形で同じ判型で統一され、簡略化し、赤青緑といった大きな色紙を散らしたような明快なグラフィックで、1950年代から注目されるようになったスイス・スタイルに通じるものである。

亡くなる直前まで出版準備をすすめていたのが、彼の生涯を決定づける起点となった若き日の東方旅行の記録と記憶をまとめた『東方への旅』だったのは、なにか、彼の生涯が一巡りしたかのような感慨を抱かせる。

『ロンシャンのためのテキストとデッサン』1965年

『大砲、砲弾？もう結構！住宅をお願いします』1938年

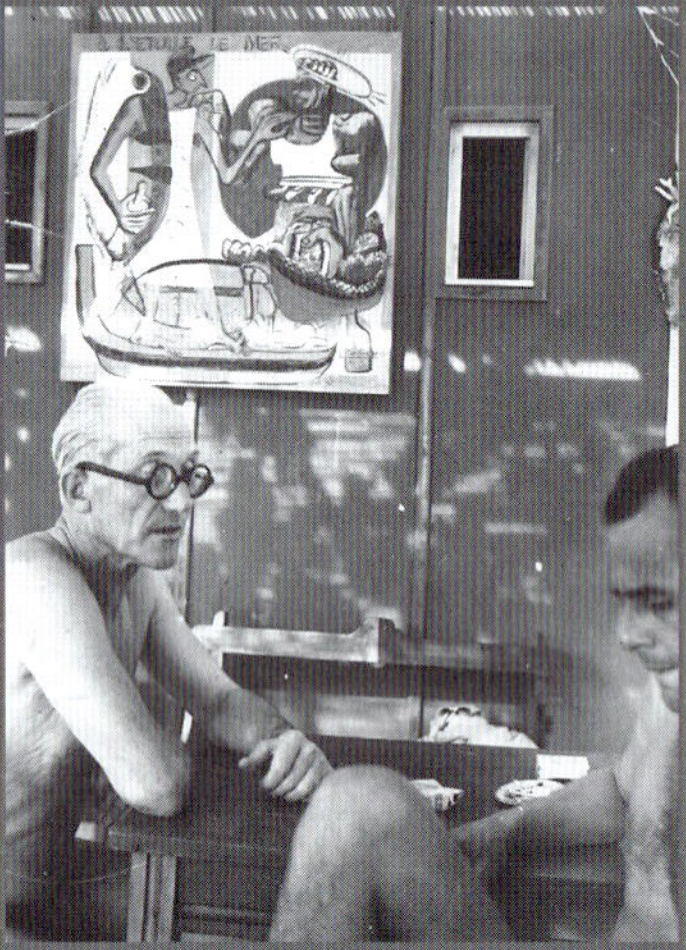

カップ・マルタンのビストロ「ひとで」のテラスで。後ろの絵はル・コルビュジエによるもの。

カップ・マルタンの海で。

健康こそが暮らしの根幹

ル・コルビュジエは、若い頃はとくに痩せていて、神経質な鳥のような顔つきをしているため、いつも眉間にしわを寄せて部屋に閉じこもっている……そんな生活を想像させてしまう。しかし、この風貌に似合わず、彼はスポーツ愛好家であった。

雪深い故郷にいた頃は、大きなスキー大会に遠征して出場したこともあったほどだったが、生来視力が悪かったうえ、パリに出てからの貧しく不健康な暮らしがたたって網膜剥離になり、左目はほとんど見えなくなってしまった。さらに体調も崩してしまうが、雑誌『レスプリ・ヌーヴォー』誌上にエッセイを寄せていたスポーツ医学で知られていた医師ポール・ウィンターとの出会いによって、つとめて体を動かすようになっていった。ウィンターはル・コルビュジエにバスケットボールを勧め、彼は指導に従ってかなり熱心に取り組んでいた。

ほかにもル・コルビュジエが好んだスポーツはいくつかあるが、夏にはいつもアルカション湾（大西洋）か、カップ・マルタン（地中海）の海辺で過ごし、海水浴を楽しんでいた。19世紀においては、海水浴はもっぱら病気療養のために行われるものだったが、次第に健康増進のため、やがて誰もが楽しむレジャーとなっていった。ル・コルビュジエもイヴォンヌと二人、水着を着てくつろぐ写真が残されているが、再従弟のピエールと一緒に、水着姿でボクシングのポーズを決めた写真も残っている。20世紀前半において、ボクシングは人気の格闘技であったことから、ル・コルビュジエたちもその真似ごとに興じていたのだろう。

身体を鍛え健康でいることが幸せな暮らしの根幹にあると認識していたル・コルビュジエにとって、都市計画にスポーツ施設は必須であり、サッカー場やバスケットコートは計画図のなかに必ず描きこまれている。さらにスキーリゾート、砂漠のなかの造波プールといったスポーツ施設の計画も手掛けたが、完成したのは《フィルミニのスタジアム》と《バグダッドのスタジアム》だけであった。

海水浴を好んだ彼が、その最中に亡くなったというのは皮肉なことである。

COLUMN-6

現代建築国際会議（CIAM）

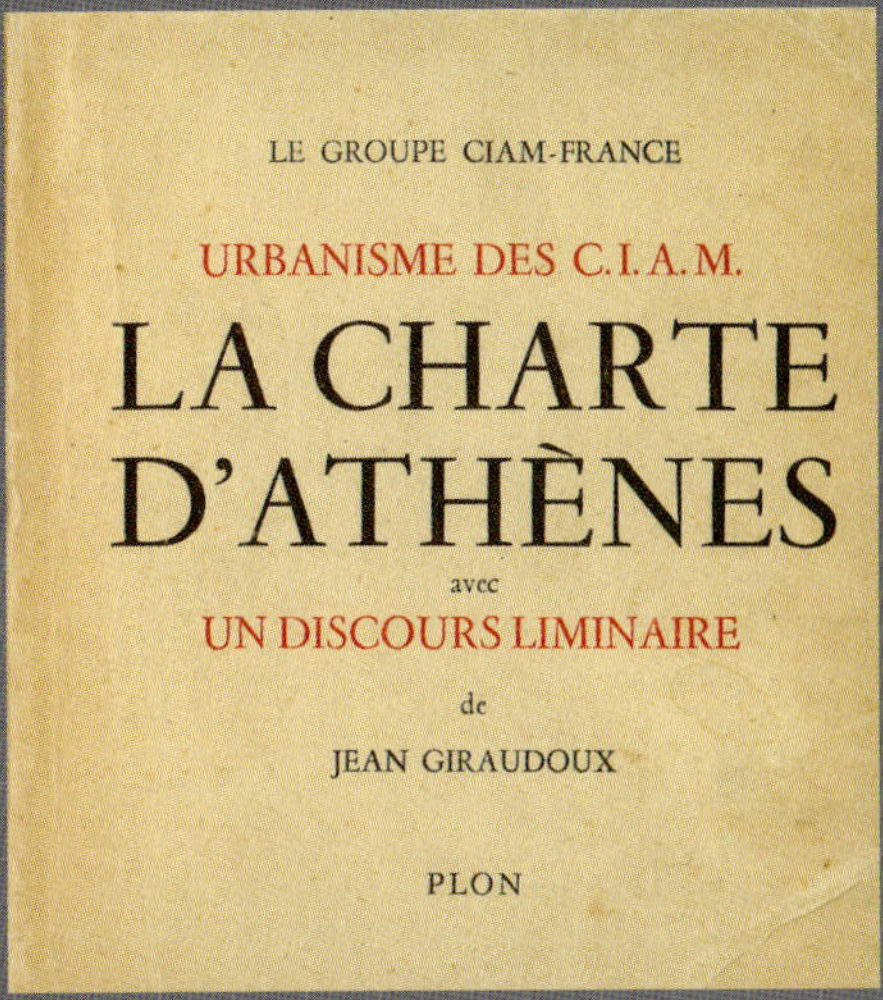

『アテネ憲章』表紙　1943年

世界の建築界を牽引

　ル・コルビュジエの功績の一つは、世界中の建築家を一堂に集めて、共通のテーマについて議論する場を設けたことである。19世紀後半以降、美術や音楽の世界では新しい潮流が生まれ、同じ志をもつ作家たちが仲間をつくり、発表の機会をつくっていった。印象派やフォービスム、未来派やダダといったグループがすぐに思いつこう。しかし、建築においては、アカデミスムの力が強く、新しい建築に取り組んでいた建築家たちが国を越えて相互に連絡を取り合う機会はあまりなかった。ウィーン工房、ドイツ工作連盟、バウハウスといった工芸から建築、美術などに及ぶ学校組織や職能集団はあったが、建築や都市計画に関わる者たちを結びつけるグローバルな集まりはなかなか生まれなかった。

　ル・コルビュジエは、建築家たちに呼びかけ、パトロンとなったエレーヌ・ド・マンドロー夫人に所有の城館を提供してもらい、1928年に第1回「現代建築国際会議（CIAM）」を開催する。このときは8カ国から25人の建築家が、企業家、政治家らとともに集まった。

　「1. 現下の建築の問題を明確にすること　2. 現代建築の理念を代表すること　3. 上記の理念を技術界、経済界、社会各層に浸透せしめること　4. 建築の懸案とされていることの実現に努力すること」が、会の目的としてCIAMの規約に明記されている。

　ル・コルビュジエは議長にはならなかったが、実質的なリーダーの一人として、この会を成長させていった。

　1933年の第4回のアテネ大会では、夏の4日間、客船「パトリス号」に参加者が乗り込み、フランス・イタリア・ギリシア三国の海を渡ってアテネまでクルーズした。「機能的な都市」をテーマにした会議で、このときの内容は『アテネ憲章』としてル・コルビュジエがまとめて、後年発表した。クルーズの様子を撮影したフィルムを見ると、堅苦しい会議の風情はどこにもなく、国境を越えた若い建築家たちが和気あいあいと語らう姿が印象的である。また、1937年のパリ大会は、パリ万博の際に開催され、ル・コルビュジエが設計した《新時代館》のなかで会議が行われた。

　世界の建築の潮流をつくり出してきたCIAMの大会は、不定期ながら回を重ねていったが、戦争の季節を経て、1953年に結成された「チームX」と呼ばれるグループが、CIAM内の批判的勢力となり、1959年のオッテルロー大会で彼らによって自主解散された。ル・コルビュジエは晩年においても、たくさんのアイデアがあるとしつつも、オフィシャルな場での発言は減っていく。このことについて、今から発言しても、その責任をとるまでは生きていられないから、これからのことは次の世代に任せたい、と語っていた。これに呼応するように台頭した若いメンバーによる「チームX」は世代交代を強く印象づけた。

ル・コルビュジエの都市計画

ヴォワザン計画(フランス)1925年/アルジェの都市計画(アルジェリア)1930年　ほか

キーワードは「太陽・空間・緑」

CIAMで都市計画について議論を交わし、都市計画に関する書籍を何冊も発表し、実現に至らないまでも、数多くの都市計画案を世に問うた。

初期の『300万人の現代都市計画』は鮮烈であった。1922年のサロン・ドートンヌでの展示を見た薬師寺主計が感動したことは先に述べた。街の中心部に高層ビルが建ち並ぶエリアを設け、その周囲を低層の集合住宅が囲み、さらに外側のエリアには工場などが建てられる計画であり、それぞれの街区の間を広い道路が縦横に張り巡らされた。街の真ん中には空港も設けられ、高層ビルの上空には飛行機が舞っているスケッチが描かれた。古典的なヨーロッパの城郭都市のような壁は無いものの、中央集権的なヒエラルキーがはっきりとわかる構造となっている。

さらにこれを実際のパリに持ち込んだらどうなるかを提案したのが、『ヴォワザン計画』(1925年)である。不衛生な不良街区といわれたエリアを一掃し、そこに十文字形の高層ビル群を建ててみせた。ちなみに、ヴォワザンとは、当時ル・コルビュジエのパトロンであった、自動車メーカーの名前である。

その後も、高層ビルとそれによって得られる広い空間と緑地、速度によって振り分けられる道路や鉄道、といった理論的で、観念的な都市計画案「輝く都市」を提示し続けた。ル・コルビュジエの都市計画は、常に「太陽・空間・緑」というキーワードで語られた。

飛行機から得た鳥瞰の眼差し

1920年代末以降、あちこちで飛行機に乗る機会を得たことで、ル・コルビュジエの目は鳥の眼差しを獲得する。「飛行機がわれわれに鳥瞰《ちょうかん》することを可能にしてくれた。プランはもはやたんなる精神の遊びではなく、これ以後眼で見ることができる」(『人間の家』)ようになったことは、彼の都市計画の考え方に新たな局面を開かせた。すなわち、その街と街を取り囲む自然、立地条件を生かした街づくりへのシフトである。アルジェのカスバを残した街づくりへのこだわりや、リオデジャネイロの景観を壊さないような工夫などは、マクロな視点で街を見ることによって生まれた感覚であろう。モンテヴィデオ、ブエノスアイレス、ストックホルムなどの計画案を見ても、そうした配慮が見られる。

30年代から40年代にかけては、とくにアルジェに力を注いだ10年間であっ

自動車メーカー、ヴォワザン社

ヴォワザン社はもともと飛行機メーカーで、第一次世界大戦では戦闘機を量産したが、戦後自動車づくりへと転身した。ル・コルビュジエの愛車はもちろんヴォワザン社製で「ルミノーズ」といった。ちなみにマン・レイも同じ車に乗っていたが、ルミノーズとは、輝くとか明晰な、という意味をもつ。ル・コルビュジエが乗るのに、いかにも相応しい名前である。

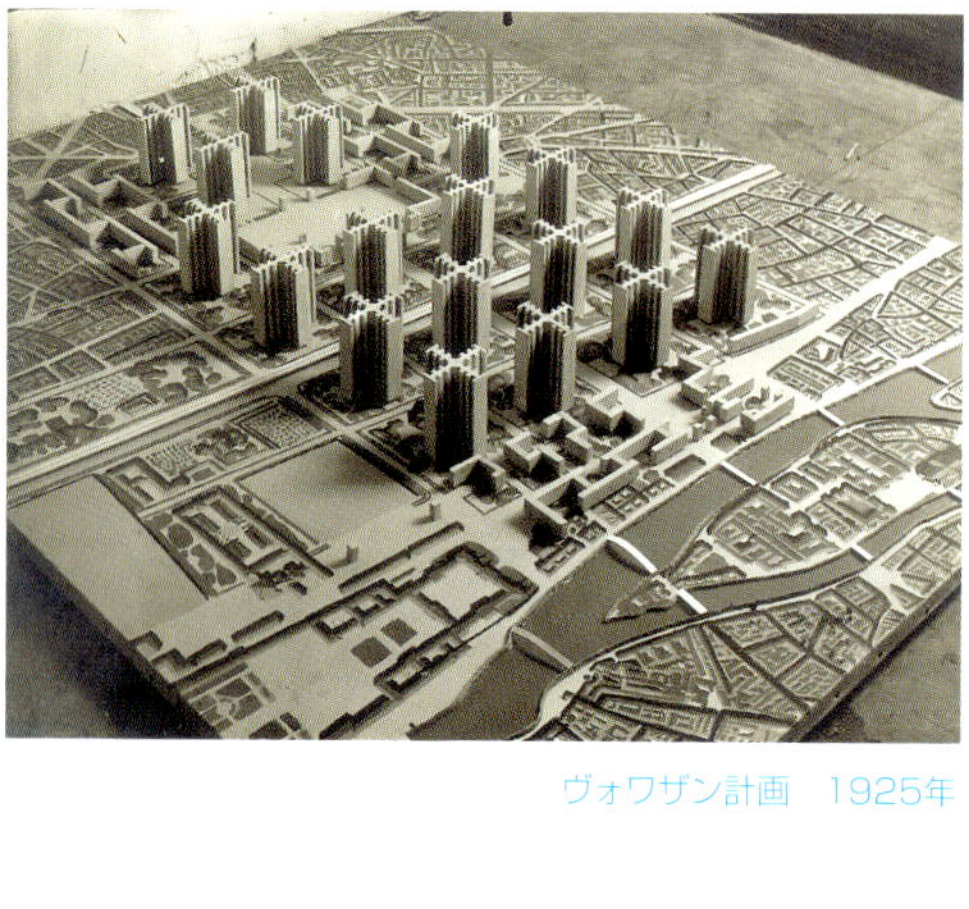

ヴォワザン計画　1925年

Le Corbusier

追い求めた理想の「輝く都市」

© J.Paul Getty Trust
Photograph by Lucian Hervé. The Getty Research Institute, Los Angeles (2002.R.41)

アルジェの都市計画　1930年

た。海沿いの街の開発に始まり、そのエリアは拡大されていくだけでなく、アルジェにヨーロッパとアフリカをつなぐ十字路という意味が新たに付与された。20年代において、躊躇《ちゅうちょ》なくパリの街をきれいさっぱり壊してしまったのに対して、ここではカスバを残すことを主張するなど、地形を生かし、歴史的に発展してきた街の性格を尊重しようとする姿勢が見られる。しかし、結局、アルジェに何も残すことはできなかった。

　さらにヨーロッパ内においても、アントワープやストックホルム、ジュネーヴなどの計画を提案した。なかでもアントワープのエスコー左岸の計画は、「世界都市」を作ろうと誘われてコンペに参加し、入選該当無しでコンペが終了した後も、彼は提案を続けた。「輝く都市」モデルのなかでも完成度が高い。

デカルト的超高層案　1937年

　大衆向けの靴の工場生産と流通販売で拡大していたバタ社は「バタ・シティ」と呼ぶ隔離された工場村を作っていた。ル・コルビュジエは企業が人類の幸せのために街をつくるという発想に賛同し、ツリンでの街づくりに協力を申し出るが、庭園都市を望んだバタ社に対して、彼の大型集合住宅の提案は受け入れられなかった。また、実現はしなかったが、農村計画に取り組んだのも、都市だけでなく国を支える近代農業の基地を新たなアイデアで作ろうとしたものだった。

　戦争で被災した街の再生にも参加したいと声を上げ続けたが、なかなかその任を任されることはなかった。たとえば、被災した大西洋沿岸の古い街ラ・ロシェルから、旧市街のある一角の再開発計画について意見を求められたとき、彼は対象地域を拡大し、地域の中核都市にするまでの、あまりに大規模な開発計画を提示し、当然のことながら、そこまでは望んでいないと断られる。このように、行政サイドから依頼を受けても、勝手に壮大な計画を提案することで機会を逃すケースもあった。

　そんなル・コルビュジエがついに都市計画に携わることができたのが、インド・パンジャブ州の新しい州都チャンディガールの建設である。ヒマラヤを望む全く何もない大平原に、ゼロから街を作るという経験は、既存の街を参照し、そこを改良発展させるそれまでの彼の都市計画とは勝手が違うダイナミックな仕事であった。彼は自分が作った尺度「モデュロール」の巻き尺を手にし、そこに彼の街を作っていったのである。

女性を描く

「『不可欠の歓び』とは、太陽、空間、緑。これはわれわれの肉体と魂を形成陶冶する千年来の決定的因子である」（ル・コルビュジエ『人間の家』より）

機械の美から人体へ

第二次世界大戦を前に工業技術や機械への信頼は揺らぎ、次第に人びとは自然や人間に目を向け、こうした傾向が文化人類学や民俗学への関心の高まりとなった。ル・コルビュジエは10年代に博物館でアフリカの民族彫刻などもスケッチしていたが、20年代前半は禁欲的なピュリスムの静物画を描くことに費やされ、20年代後半以降になってようやくほかのモチーフにも目が行くようになった結果、今度は反動のように精力的に女性を描き始める。

《牡蠣をとる女》1935年（ル・コルビュジエ財団）

1929年のジョセフィン・ベーカーとの出会い、1930年のイヴォンヌ・ガリとの結婚などが転機となったが、もっとも、すでに1926年には友人からの依頼でミュージックホールをテーマに、踊り子たちを描いた水彩画集を制作している。旅先で見かけた女性たちを描いたり、エロティックなご当地絵葉書を題材にして描いたり、タブローとして完成したものは少なくても、パステル画やペンのスケッチは数多い。とくに南米やアルジェリアを訪問した折には、エキゾティックな女性たちに心奪われたようである。

オザンファンに連れられて訪れた大西洋沿岸のアルカション湾は、20年代末から戦前にかけて、ル・コルビュジエのお気に入りのバカンスの滞在先となった。ここは19世紀以降、マネやロートレック、ボナールら、多くの画家たちが訪れた地であり、ジャン・コクトーはラディゲやジャン・マレーを伴ってバカンスを過ごしている。

ピケはアルカション湾にある小さな村で、漁業や牡蠣《かき》の養殖のための小さな港もあった。ル・コルビュジエ夫妻

COLUMN-7

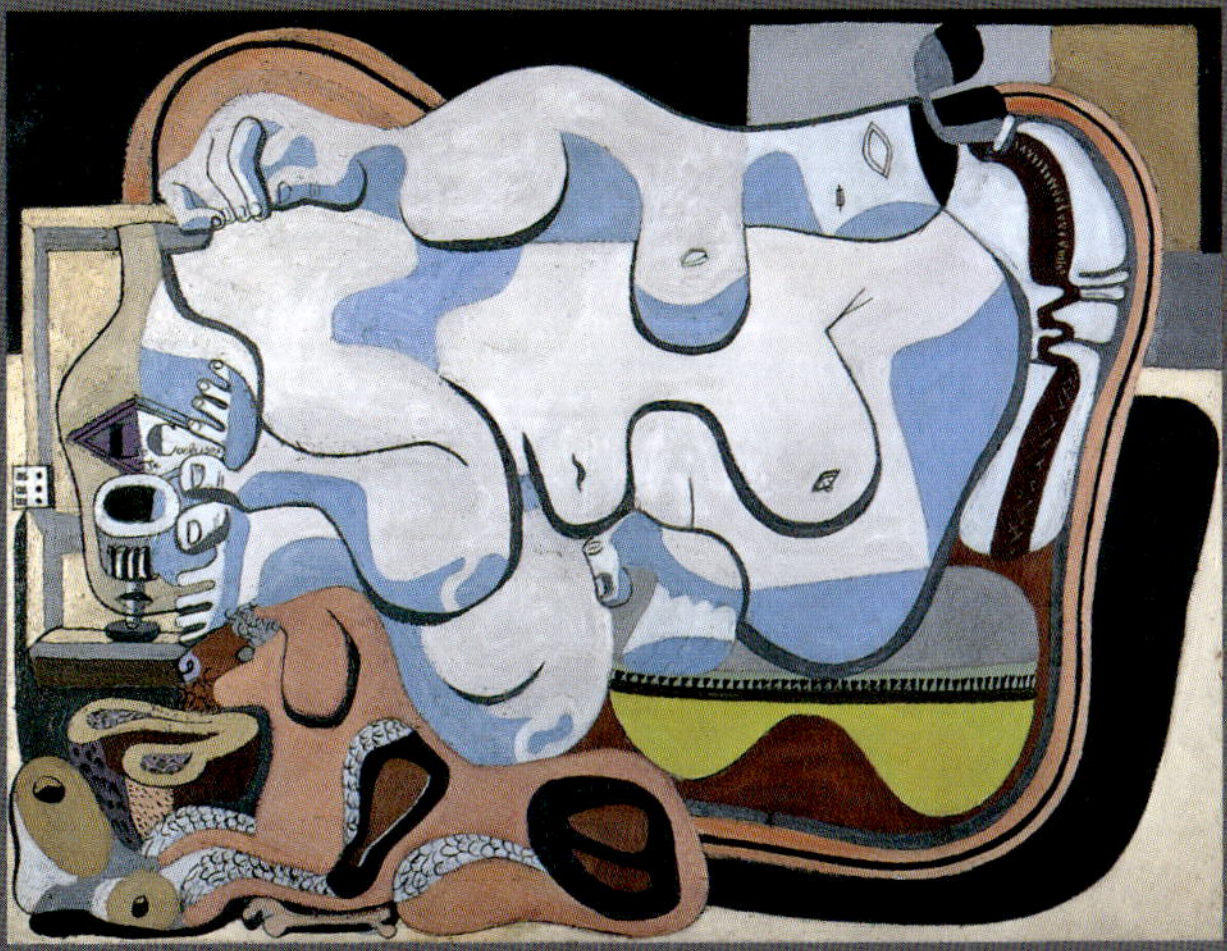
《長椅子》1934年（大成建設ギャルリー・タイセイ）

《二人の楽士たち》1937年（ル・コルビュジエ財団）

はピケのヴィダル家が営む民宿に逗留した。気安い雰囲気が気に入り、この家族と親しく交流していた。ここで彼は牡蠣を採る漁村の女性や、小舟や艫《とも》綱《づな》をバックにした海水浴をする女性たちなどを繰り返し描いた。

20年代末の女性像は、しなやかでかつ筋肉質なベーカーやサーカスの女性であったのに対して、30年代半ば以降になると、たっぷりとした豊満な女性が中心になっていった。それは妻イヴォンヌの姿態をモデルにしているからだろう。

描いたのは女性のイメージ

「私は、女性、あるいは女性のイマージュ、あるいは女性の象徴、あるいは女性の地質しかデッサンしなかったし描かなかった」（『二つの間に』）と、後年ル・コルビュジエは記している。

ル・コルビュジエは数多くの女性像を描いたが、そこで描かれているのはイヴォンヌを除くとほとんどが無名の女性たち、というか、単に女性の姿をしているだけの人物像である。ル・コルビュジエが人間として描いた（描けた）のはイヴォンヌだけであり、その他の女性たちの人格には興味はなく、文字どおり、女性のイメージを描いているだけだった。彼が興味をもったのは、豊かな人体の質感や、やわらかな曲線であった。いわば、女性は、海や山といった自然の一部であり、そこに個性を求めようとはしなかったのである。デザインした椅子「シェーズロング」を紹介する写真に座った女性は後ろ向きであり、優れた知的な女性を煙たがるといった傾向などから、ル・コルビュジエとジェンダーの問題は話題になるが、これはマッチョな男性像に憧れる裏返しともとれよう。彼の理想とする人物像は、「モデュロール」を象徴する片手を挙げる逞《たくま》しい人物として表現されているのである。一方、厳格な構図に空間恐怖のように押し込められた女性の姿は、しまいには、岩の塊のように変形してしまい、身体の態を成さなくなっていく。

Pavillon
des Temps
Nouveaux

新時代館

Le
Corbusier

大衆教育の博物館の試み

1936年

❶

緊張の時代の万博

1937年、パリで万博が開催された。今回の万博のテーマは「近代生活における芸術と技術」であり、新しい技術がもたらした新しい生活スタイルを見ることができる博覧会であった。

44カ国が参加し3100万人が訪れた万博には、各国のパビリオンの他、「電気館」「航空館」「温泉館」「ラジオ館」といった興味深いテーマのパビリオンが並んだが、本博覧会を象徴したのは、入口の両脇に対峙して睨みをきかせた巨大な「ドイツ館」と「ソ連館」であった。1937年という時代が戦争前の独特の緊張感を際立たせ始めていたのである。

日本も参加したが、日本館の設計者はル・コルビュジエの弟子坂倉準三が担当し、敷地の斜面を活かしてピロティで持ち上げた展示館は、なまこ壁を思わせる意匠とともに和風な近代建築の味わいがあるものとなり、建築グランプリを受賞した。

そんななか、ル・コルビュジエは

❷

❶《新時代館》外観
❷内部。エントランスを入り、奥のホールを見る。模型の飛行機がCIAMのパネルに向かって飛んでいくようである。

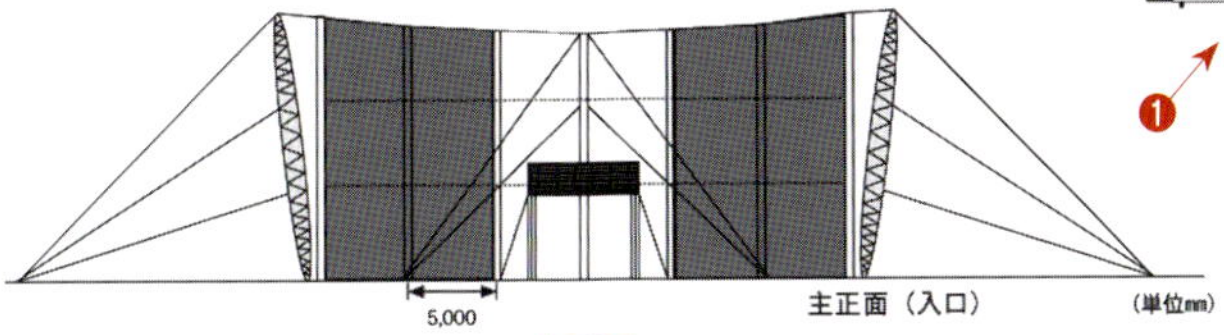

立面図

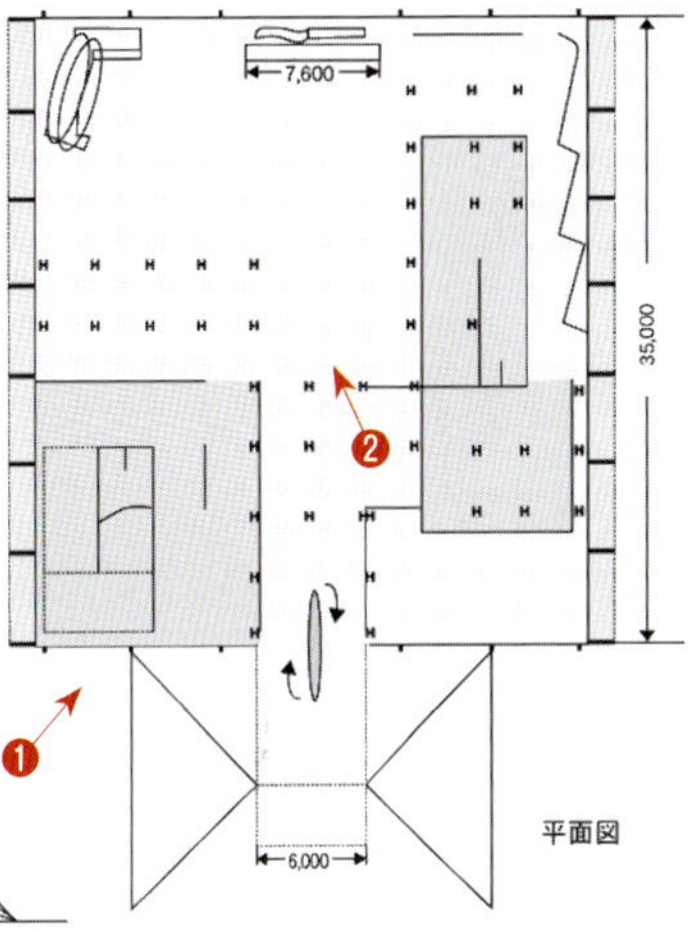

平面図

《新時代館》を建てて参加した。

巨大なテント型パビリオン

「現代の都市計画の可能性を『大衆教育の博物館の試み』として創作し、組織だて、展示館を建設する。このかなりな展示館（1万5000㎥）は布でできていて、壁と屋根だけがある。屋根は1200㎡が1枚に縫い合わされて、一挙に張られる。ケーブルと細い鋼のやぐらによる、柔軟な大胆きわまりない構造である。」（『全作品集』第3巻）と本人が説明しているように、巡回を構想していた《新時代館》は巨大なテント状のパビリオンであった。その姿はワイヤーで係留されている飛行船さながらである。巨大なテントのスタイルは、彼のテンポラリーな展示施設の一つの典型であり、柔軟な骨組みやケーブルによる係留の仕組みは、のちの《ロンシャン礼拝堂》、フィルミニの《青少年文化の家》などで繰り返されることとなる。

このパビリオンは非常にカラフルであり、フランス国旗と同じ3色（トリコロール）で、テントは青く、入口周りは白、入口天蓋には赤い布が張られていた。さらに内部の壁面の色彩は、入口を入ったところの壁は真赤、左壁は緑、右壁は濃いグレー、入口の壁は青。地面は明るい黄色に着色した砂利。天井は強い黄色であったという。

エントランスを入ったところには、中央ホールを目指して飛ぶ飛行機の模型が設置された。これはグローバル化のシンボル、あるいは、機能美、速度、人の能力の無限などを象徴するものとして置かれたのだろう。そして15のテーマに分けて大型のフォトモンタージュやイラストによるパネルが所狭しと設置され、来場者は巨大テントのなか、2層になった展示スペースを回遊した。展示パネルは、フェルナン・レジェやホセ・ルイ・セルトらが制作し、「都市計画の歴史」や、「パリ計画37」、「農業改革」、「CIAM（＝現代建築国際会議）憲章」などについて説明された。

中央ホールでは、万博会期中にCIAMのパリ大会が開催された。

Pavillon

パビリオン建築

Le Corbusier

壊されるが故の大胆さ

ネスレ館 1927年 ほか

《フィリップス館》1958年

奇抜なパビリオン建築

パビリオン建築は、その場限りのものであり、会期終了とともに壊される運命にある。だからこそ、奇抜で目を引くものが作られ、展示内容も最先端の技術を駆使した見せ方が試みられる。１９００年のパリ万博に登場した「動く歩道」や「気球に乗るジオラマ」などに始まり、博覧会はいつも技術の進歩が作る未来のかたちを楽しく提示して見せてくれた。

ル・コルビュジエによるパビリオン建築をいくつか紹介しよう。

１９２８年のパリ食品見本市のためにつくられた《ネスレ館》は、日本でも馴染みの深いスイスの食品メーカー「ネスレ」の依頼で作られた。臨時の店舗といった性格のもので、全面ガラス張り、ロゴを用いたグラフィックデザインが奇抜である。

《バタ館》（１９３６年）は、チェコに本社を置く、世界規模の大衆靴メーカー「バタ」の、パリ万博のための計画である。10メートル四方のこぢんまりしたパビリオンは、外壁

《ネスレ館》1927年
全面ガラスにしたことで館内の賑わいが外からも見え、それがさらに来館者を呼んだ。上部にはコーポレートカラーのブルーが用いられ、粉乳の缶を模した大きなオブジェが突き出すように設置された。

に靴屋をイメージして革を張り、内部はフォトモンタージュを巡らせ、映像を投影し、天井からは世界に進出する企業を印象づけるように、飛行機を吊るすという構想であったが、実現しなかった。

パビリオンという総合芸術

《フィリップス館》（1958年）は、ブリュッセル万博で建設された。フィリップス社はオランダに本社を置く、世界有数の家電メーカーである。彼は二重の放物線が組み合わさった複雑な構造をした建物そのもの（後に現代音楽家として有名になったヤニス・クセナキスが担当）だけでなく、なかで上映された8分ほどの『電子の詩』という音と光と映像のショーも制作した。複雑な形状の壁面にモノクロ映像とカラーの照明が投影された。電子音や太鼓の音などが組み込まれた耳に残る音楽はエドガー・ヴァレーズが担当し、映像との相乗効果が生まれた。映像はル・コルビュジエが莫大な写真資料のなかから選択し、組み合わせ、一連のストーリーを作ったが、最終章で自分が手掛けた建築物の写真を入れるあたり、ぬかりがない。人類の歴史、宗教や技術、新しい世界へ向けての提言といった内容だったが、冷戦という時代背景を考えた場合、意味深長な内容であった。

すでに紹介した《レスプリ・ヌーヴォー館》は、1977年にイタリアのボローニャ郊外に再建されたが、アール・デコ博という文脈から離れ、公園にポツンと建つ姿は、パビリオンはその時とその場でなければ意味が薄れてしまうことを示している。

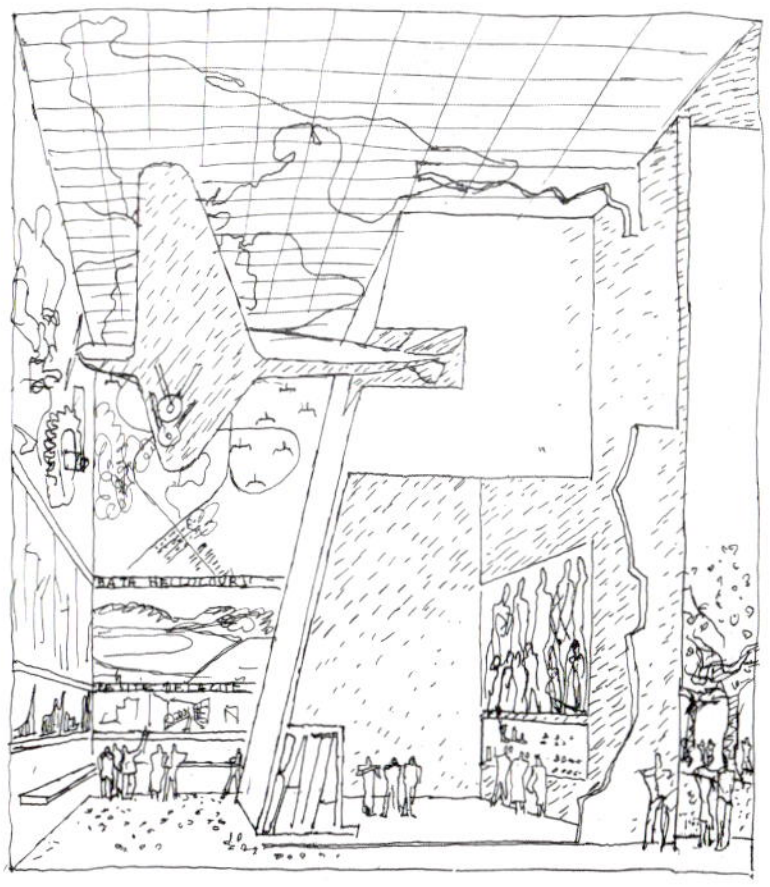
《バタ館》のイメージスケッチ　1936年

さまざまなプロジェクト

ムンダネウム（1929年）　ソビエトパレス（1930年）　移動可能な学校（1940年）　自動車のデザイン（1936年）ほか

１９２０年代の作品のほとんどが住宅であったのに対して、20年代末から手掛けた作品や計画したプロジェクトでは作品の幅が広がった。実現しなかったものの、斬新なアイデアで展開されたプロジェクトのいくつかに触れておこう。

《ムンダネウム》

《ムンダネウム》のためのスケッチ　1929年（ル・コルビュジエ財団）

世界の叡智を総結集させ、普遍的な知の財産を保存し公開するための施設として、「国際団体連合」によって計画された「知の博物館」プロジェクトである。ピラミッドのようなフォルムで、中央の頂からグルグル回りながら降りてくるプランを提案した。この構想は、後の「無限成長美術館」の原型となった。世界的なひろがりと普遍性をもっているこのプロジェクトに彼と哲学者ポール・オトレは１９２８〜30年の間、集中的に取り組んだが、実現はしなかった。

《ソビエトパレス》

《ソビエトパレス》のための模型　1930年

パラボラアーチから吊られた屋根やバットレスが特徴的な、驚くべき大胆な造形。ソビエト連邦ではモスクワに大型オフィスビル《セントロソユーズ》を完成させたル・コルビュジエは、続いて《ソビエトパレス》のコンペに参加した。しかし既に時代は変わり、ロシア構成主義的な大胆なスタイルはもう認められなくなっていた。

Le Corbusier

広がるフィールド、斬新なアンビルトデザイン

《移動可能な学校》

大戦下にあって、被災者のための住宅や学校をつくる必要があることから、ピエール・ジャンヌレやジャン・プルーヴェと協働して研究された組み立て式の学校である。差し迫った状況のなか、今まで推進してきた工業製品ではなく、現地産の建材で建てるべきと主張している。

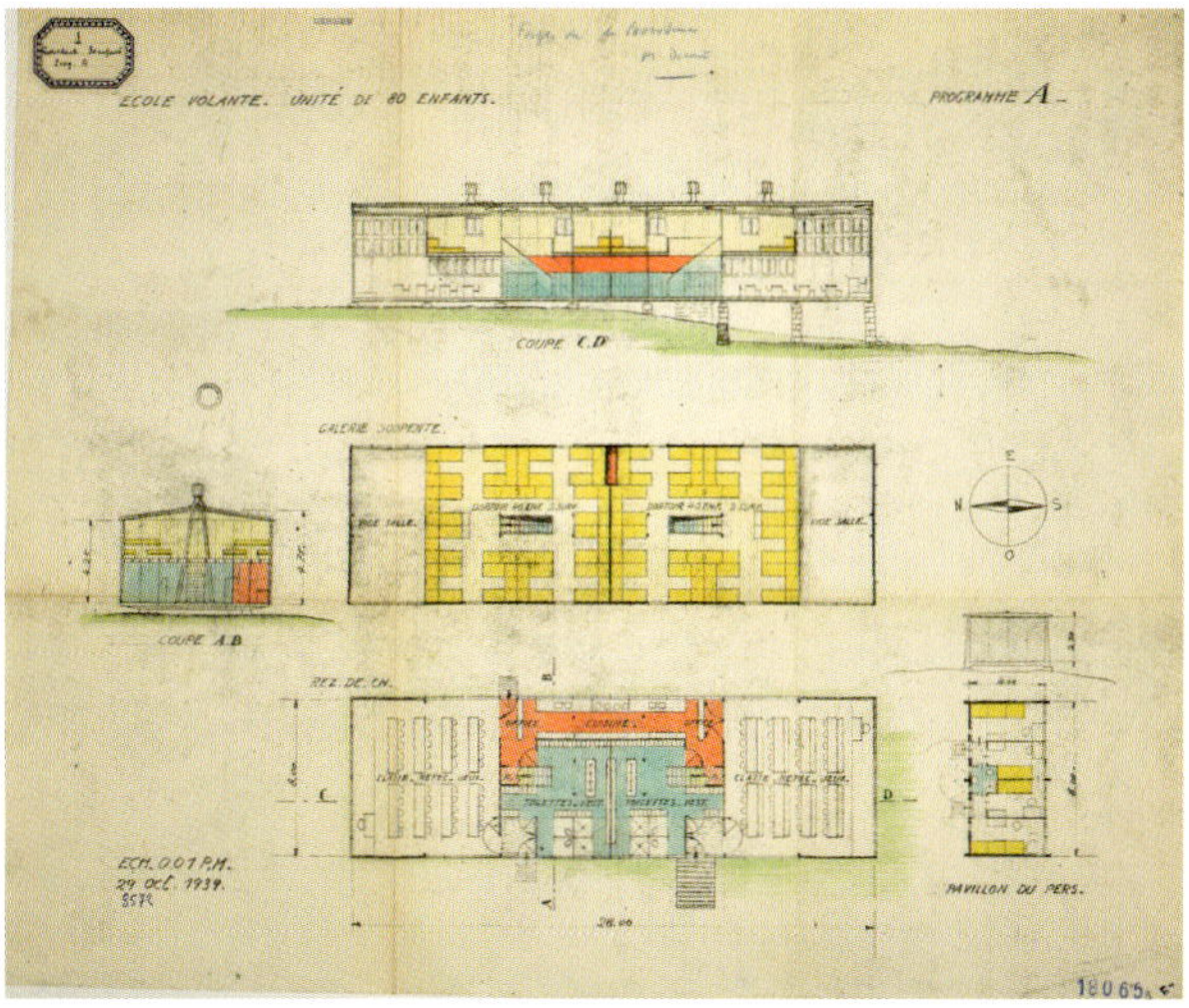

《移動可能な学校》のためのスケッチ　1940年（ル・コルビュジエ財団）

自動車のデザインほか

建築プロジェクトだけでなく、ル・コルビュジエは意外なものにも挑戦している。

オザンファンが「イスパノ・スイザ」のデザインをしていたことに対抗するかのように、彼も自動車のデザインを試みた。最小限自動車「ミニマム」は、「乗る人の快適さ」を最大限に考慮してデザインされ、視界を良くし、広い座席スペースを作るため、エンジンを後部に置くことを提案した。屋根から背面にかけてのカーブの形は、ヴォワザン社の「C28」（1935〜38年）などに酷似している。

ほかにも女性のドレスや大型客船のデザインにも関心を示していた。

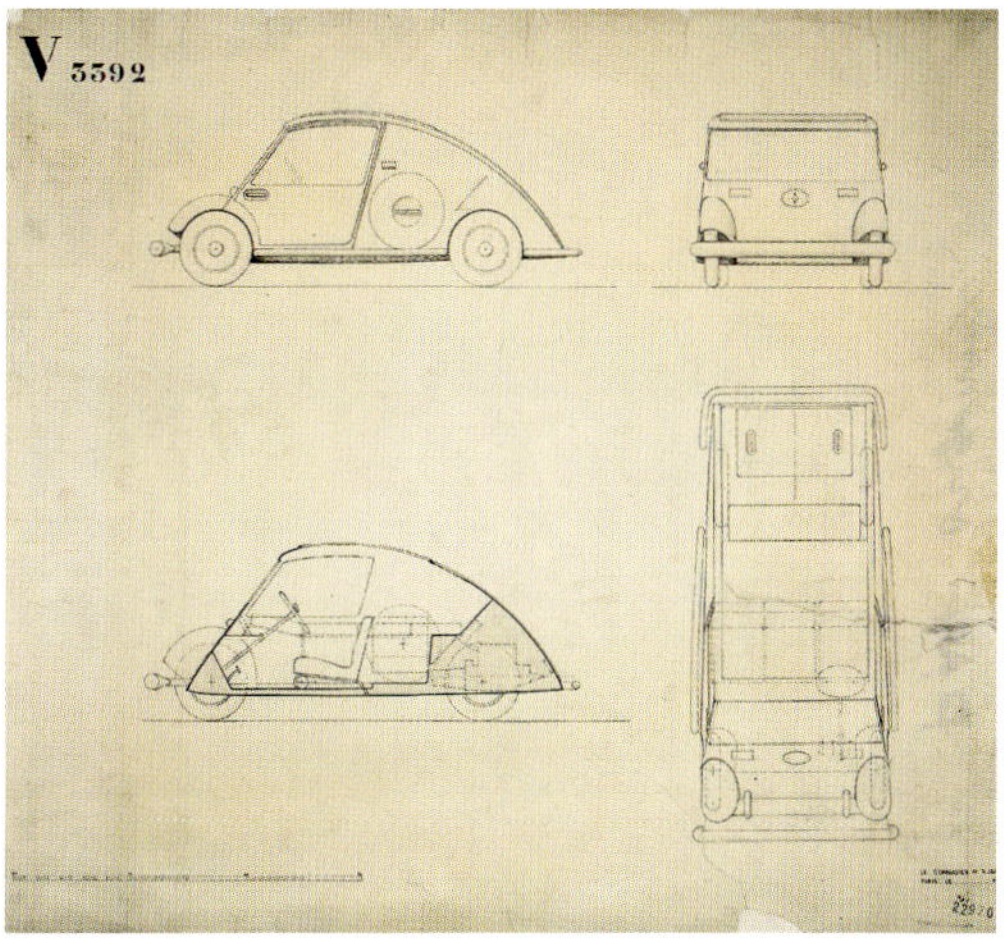

最小限自動車のためのスケッチ　1936年（ル・コルビュジエ財団）

part 4

1945–1965

(58～77歳)

戦後の活躍、総合芸術を目指して

1945～52

マルセイユの《ユニテ・ダビタシオン》

住戸だけでなく、商店や幼稚園なども完備し、そこだけで生活ができるのが《ユニテ・ダビタシオン》である。

1950～55

《ロンシャンの礼拝堂》

丘の上に建つ聖母マリアのための小さな礼拝堂は、被災した旧礼拝堂の廃材を利用して建てられた。

新たなスタート

パリが占領されて、ル・コルビュジエはイヴォンヌ、ピエールとともにピレネー山脈の小村オゾンへと疎開する。この困窮《こんきゅう》の時期、彼の絵画作品を購入して支えてくれたのは、昔からの知人たちだった。その後、彼はペタン元帥に取り入ろうとヴィシー政府に近づく。自分が提案する都市計画や住宅の建設を実現させたい一心だったのかもしれないが、思慮に欠けたル・コルビュジエの態度は政治的感覚の欠如を露呈《ろてい》することとなり、攻撃の的となった。対して、再従弟のピエールは彼のもとを離れて、レジスタンス運動に身を投じた。

戦後は、被災した都市の再興に参加しようと再建案を提示するも、採用されることはなかったが、復興大臣ラウル・ドートリーやクラウディオ・プティとの知遇を得たことで、フランス東部サン・ディエにある被災した織物工場の再建や、マルセイユの《ユニテ・ダビタシオン》の依頼を受けることができ、60年代にはフィルミニの「フィルミニ・ヴェール地区」開発の仕事を得ることができた。

《ユニテ・ダビタシオン》以後、ル・コルビュジエは息を吹き返したかのように、次々と作品を作り始める。

建築作品のひろがり

ル・コルビュジエは《国連本部ビル》建設のための委員会メンバーに選ばれ、彼の案が実施作のベースとなったが、ウォレス・ハリソンをリーダーとした実現に向けての設計チームからは外されてしまった。そのため、アメリカで実現したのはハーバード大学構内の《カーペンター視覚芸術センター》だけだったが、インドでの新都市の建設、アルゼンチンでの住宅建設、日本での美術館建設など、彼の仕事は世界に広がり、その作品は世界に衝撃を与え続けた。

また、地域的な広がりだけでなく、建築作品の分野も広がった。

カトリックのクーテュリエ神父らから

ル・コルビュジエの制作と出来事

1945年 58歳	モデュロール研究。『三つの人間機構』。《デュヴァルの織物工場》（～51）《マルセイユのユニテ・ダビタシオン》（～52）
1946年 59歳	アメリカ訪問。アインシュタインと知り合う
1947年 60歳	《国連本部ビル》計画委員に選ばれ、ニューヨーク訪問
1948年 61歳	アメリカ各地で展覧会。P.ボードゥアンとタピスリー制作開始。《スイス学生会館》、セーヴル街の事務所に壁画を描く
1949年 62歳	アルゼンチンに診療所兼住宅の《クルチェット邸》（～51）
1950年 63歳	インド政府からチャンディガールの建設。クーテュリエ神父らから《ロンシャンの礼拝堂》（～55）の依頼を受ける。パピエ・コレ制作。『モデュロール』
1951年 64歳	チャンディガールとアーメダバードの建築のエスキスを開始。ニューヨークでニヴォラと砂の彫刻を制作し、壁画を描く。MoMAで展覧会開催。カップ・マルタンに《休暇小屋》（～52）
1953年 66歳	エマイユ作家ジャン・マルタンと会う。パリ近代美術館で展覧会《ラ・トゥーレットの修道院》（～59）
1954年 67歳	『小さな家』
1955年 68歳	《国立西洋美術館》（～59）調査のため来日。その後インドへ。『直角の詩』『モデュロール2』
1956年 69歳	リヨンで展覧会。フィルミニ市の施設群をC.プティ市長から受注
1957年 70歳	妻イヴォンヌ死去。大規模な展覧会を巡回（チューリッヒ、ベルリン、ウィーン、パリなど）
1958年 71歳	ブリュッセル万博で《フィリップス館》。『電子の詩』の映像も制作
1959年 72歳	サルブラ社の壁紙見本帳第2弾を発表
1960年 73歳	母マリー、100歳で死去。『忍耐づよい探求のアトリエ』出版
1961年 74歳	アメリカ建築家協会メダル受賞。《カーペンター視覚芸術センター》（～63）。《高等裁判所》のためのタピスリー。「ブルニエ」の食器デザイン。チューリッヒなどで展覧会
1962年 75歳	パリ近代美術館で「大回顧展」開催
1963年 76歳	フィレンツェで展覧会。《ル・コルビュジエ・センター》（～67）
1964年 77歳	レジオン・ドヌール・グラン・クロワ受章。《ヴェネツィアの病院》計画。チューリッヒなどで展覧会
1965年	『東方への旅』出版準備。8月27日、カップ・マルタンで死去。ルーヴル宮で国葬
2006年	フィルミニの《サン・ピエール教会》竣工

1953～59
《ラ・トゥーレット修道院》
修道院は、暮らしの場であり、学びの場、祈りの場でもある。光に満ちた、ル・コルビュジエ建築の集大成。

1955～59
《国立西洋美術館》
松方コレクションを収蔵展示するために、日本人の弟子たちの協力によって実現した、日本で唯一のル・コルビュジエ建築。

1951～52
《カップ・マルタンの休暇小屋》
ル・コルビュジエが妻の誕生日祝いにつくった、地中海を見下ろす10畳ほどのバカンス用の小さな隠れ家。

依頼を受けた《ロンシャンの礼拝堂》は20世紀を代表する宗教建築となり、この経験は《ラ・トゥーレットの修道院》の仕事につながった。

闘う建築家ル・コルビュジエも、仕事を離れると、母親に気弱な言葉を吐き、愚痴を書き連ねては、慰めてもらうマザコンな息子であり、家では妻イヴォンヌの尻に敷かれながらも彼女を生涯愛した夫であった。妻イヴォンヌを1957年に、母マリーを1960年に亡くしたことは、70代に入ったル・コルビュジエにとっては非常につらい別れとなった。そして、1965年、いくつものプロジェクトを抱えたまま、彼は帰らぬ人となった。

モデュロール

人体を基準にした新しい尺度

ル・コルビュジエは、古来美しくバランスが取れて見える芸術作品（絵画、彫刻、建築など）はみな黄金比や1：2といった単純な比例に基づいており、それは自然界にひそむ比例と同じであることに気付いていた。

そして、「数の法則は、自然が作った作品に刻み込まれている。人間は宇宙の産物であるのだから、自己のなかに数の印を帯びているのだ」（『人間の家』）と語り、人体寸法と比例の研究を始めた。こうして生み出した尺度が「モデュロール（Modulor）」である。これはmodule（尺度）とsection d'or（黄金比）をくっつけた彼の造語である。

モデュロールの寸法は、身長183センチ（イギリスの6フィート、日本の6尺に相当）の人間が基準になっており、この人が手を挙げた高さが226センチ、その半分の113センチがへそまでの高さに相当し、同時にそれは身長の黄金比（およそ1：1.62）になっている。そして、これらの寸法のそれぞれ1／2や黄金比を当てはめると、ちょうど、ひざ（43センチ）、ふともも（70センチ）、胸（140センチ）までの高さに相当する。それらを順に並べると、フィボナッチ級数（a＋b＝c、b＋c＝d、c＋d＝e……）に当てはまる2つの数列27／43／70／113／183……54／86／140／226……ができあがる。

そして、人体寸法に準じたこれらの数値を用いれば、おのずと人が動きやすい寸法の空間や家具が作れるというわけである。たとえば、くつろぐための低い椅子なら27センチ、普通の椅子は43センチ、対応するテーブルは70センチ、天井の高さは226センチというように。人間が快適に暮らすのに、むやみに大きい空間は不要であり、人間の寸法に沿ったサイズがちょうど良いのだから。

『直角の詩』B-2 精神　1955年

幸福な生活空間の創造

ル・コルビュジエは戦争中にモデュロールの研究をすすめ、著書『モデュロール』を世に出したのは1950年であり、その後の展開をまとめた『モデュロール2』が発表されたのは

COLUMN-8

「一つの建物は、時としてある数によって完全に支配されることも可能なのだ。輝く統一性！」

（ル・コルビュジエ『人間の家』より）

『モデュロール2』表紙　1955年

《マルセイユのユニテ・ダビタシオン》外壁に刻まれたモデュロールのレリーフ　© kozlowski/photoarchitecture.com

1955年である。モデュロールについて、アインシュタインは「善きものをたやすくし、悪しきを困難にする道具」と語り、この言葉に励まされたル・コルビュジエ自身の熱心なアピールによって世間の注目は集めたものの、ル・コルビュジエとその周りの建築家たちが用いたにとどまった。

彼は1931年と1959年の2度にわたって、壁紙メーカー「サルブラ」からの依頼を受けて、色見本帳を制作した。これは彼の色の世界を展開するものである。カラーチャートが文字どおり「色彩の鍵盤」であるように、モデュロールは「良く調律されたピアノ」であり、これらの道具を使って上手に音楽を奏でてほしいと彼は語っている。

こうして色と尺度における普遍的な規範によって、万人のための幸福な生活空間の創造を目指したが、同時にそれは、彼自身の規範によって世界中を作り変えてしまおうとする野心的な考えでもあった。

Unité
d'habitation

ユニテ・ダビタシオン

Le
Corbusier

暮らしの全部が詰まった集合住宅

マルセイユのユニテ 1945～52年 ほか

❶

© kozlowski/photoarchitecture.com

豪華客船のような集合住宅

戦後まもなく、ル・コルビュジエが手がけることになったのは、この大規模な集合住宅である。しかし、アパルトマン(＝アパート)と呼ばず、《ユニテ・ダビタシオン》と呼ぶのは、そこが単に住戸が集まった建物ではなく、住戸のほかに商店や幼稚園、体育館などが含まれ、それらが一つにまとまった統一体であることを強調しているからである。

これは、ル・コルビュジエ自身がかつて繰り返し利用したオーシャンライナー、つまり大西洋を横断する豪華客船に想を得ている。何日も、ときには何週間もかかる航海を快適に過ごすために、豪華客船のなかには生活のために必要な設備だけでなく、レストランや、スポーツ施設、商店、劇場などが備えられている。ル・コルビュジエは、船のなかで生活の全てが賄《まかな》えるというシステムに共感し、この仕組みを集合住宅に取り入れたのである。

その結果、《マルセイユのユニテ》

❷

© kozlowski/photoarchitecture.com

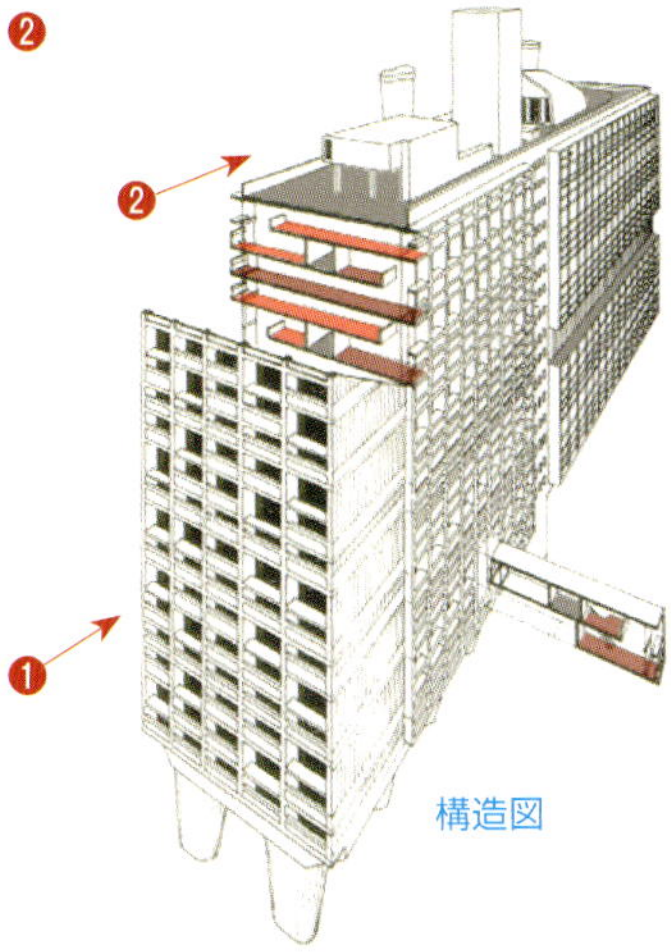

構造図

❶ロジア側壁に塗られた赤、青、黄、緑といった原色の強い配色が、マルセイユのユニテのファサードをはずむような明るいものにしている。

❷ユニテの最も特徴的な場所はこの屋上であろう。ちょうど豪華客船の屋上デッキのように、スポーツやレクリエーションのための仕掛けがあちこちに見られる。

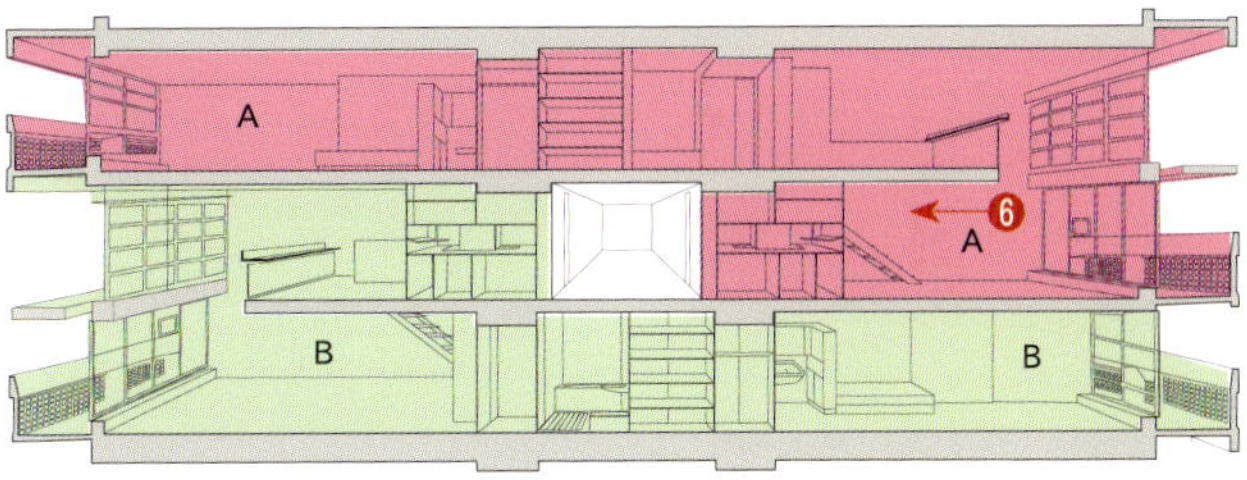

メゾネットタイプの断面図、中廊下に玄関がある

（1945〜52年）の場合、ピロティのある1階部分はエントランスホールだけだが、2階以上には23タイプ、337戸の住戸があり、中層階には食料品店やレストラン、宿泊施設、郵便局などが入った商店フロアがあり、最上階には幼稚園、屋上には体育館、プールなどが設けられているほか、屋上をぐるりと走りまわれるようなトラックや、屋上で演劇や集会をするときのための小さなステージまでもが設置されている。

長さ165メートル、幅は24メートル、高さ56メートルで18階建てという巨大なスケールのこの建物は、力強いピロティに持ち上げられ、東西と南側には均等に窓が開かれている。太いピロティはユニテを支えているだけでなく、その脚のなかはパイプスペースとなっており、電気関係をはじめ、さまざまな配管がなされており、メンテナンス時にはこのなかに入って作業できるようになっている。

住戸の基本プランはメゾネットタイプで、スキップフロアとなっている。かなり暗い中廊下から住戸の

© kozlowski/photoarchitecture.com ❸

❸エントランス周り。ユニテ・ダビタシオンは各地に建てられたが、《マルセイユのユニテ》のピロティの脚がもっとも逞しく、かつ、女性のふとももものように官能的ですらある。ピロティにすることによって、1階部分は明るさと通り抜けられる便利さを手に入れた。

❹両面から出し入れできるカウンターのある機能的なキッチンなど、インテリアは、シャルロット・ペリアン、ジャン・プルーヴェとの協働である。

❹ © kozlowski/photoarchitecture.com

玄関扉を開けると地中海のまばゆい太陽の光が満ちている。それは、東西両方向に突き抜け、必ず午前中（東側）と午後（西側）の陽射しの両方を享受《きょうじゅ》できるようになっているためである。奥行の深いロジアは、夏の陽射しを遮り、冬の陽射しを奥まで入れるブリーズ・ソレイユの役割を果たしている。住戸には、居間、食堂、キッチン、バス、トイレのほか、主寝室と2つの子供部屋が用意された。

各部分のサイズは、「モデュロール」によって決められ、天井高は2・26メートル、奥行きは24メートルである。数字だけで判断すると細長い鰻の寝床のようで窮屈そうだが、実際にその場に身を置いてみると、たしかに居心地の良い大きさである。

カラフルな彩色が打放しコンクリートの外観に躍動感を与えているが、このロジア側面への彩色は当初から予定されていたわけではなく、コンクリートの粗さを隠すために色を付けたと告白している。結果的に色が建物に表情を与え、力強さをもたらしたのである。

© kozlowski/photoarchitecture.com ❺

❺中層階にある商店フロア。ここではユニテ・ダビタシオン1棟のなかで、生活の全てができるように考えられた。そのため、さまざまな商店やレストランなどが、このフロアにまとめて置かれた。窓やルーバーの形状もほかの住戸フロアとは異なり、ファサードを見ると、この階が全体のリズムに変化を付けている。

❻《ベルリンのユニテ》メゾネットタイプの室内。下階にリビング、ダイニング、キッチンがあり、屋内階段を上がると、上階には寝室がある。

❻

写真提供：ユニフォトプレス

誹謗中傷から賞賛へ

今でこそ、ル・コルビュジエが手掛けた作品のなかでもとくに重要であると評価され、ル・コルビュジエ好きの人たちがこぞってユニテに暮らし、ユニテで生まれ育った人がいったん外に出てから再びユニテに引っ越すほど、愛着をもって住まわれている。しかし竣工当時は、反対派から、あんな高層アパートで暮らしたら頭が可笑しくなるといった誹謗中傷《ひぼうちゅうしょう》がなされ、案外打たれ弱いル・コルビュジエは母親に励ましてもらうほどであった。

ピカソが現地を見に来たときの写真が『全作品集』の冒頭を飾っているが、この写真をわざわざ掲載したのは、「モデュロール」の頁でアインシュタインと並んだ写真を掲載したり、チャンディガールの頁でネール首相と語る写真を載せたりするのと同様、有名人のお墨付きによるイメージアップ戦略である。逆にいえば、ル・コルビュジエはいつも自信満々に自作をアピールしながらも、心細く思っていたのかもしれない。

『直角の詩』

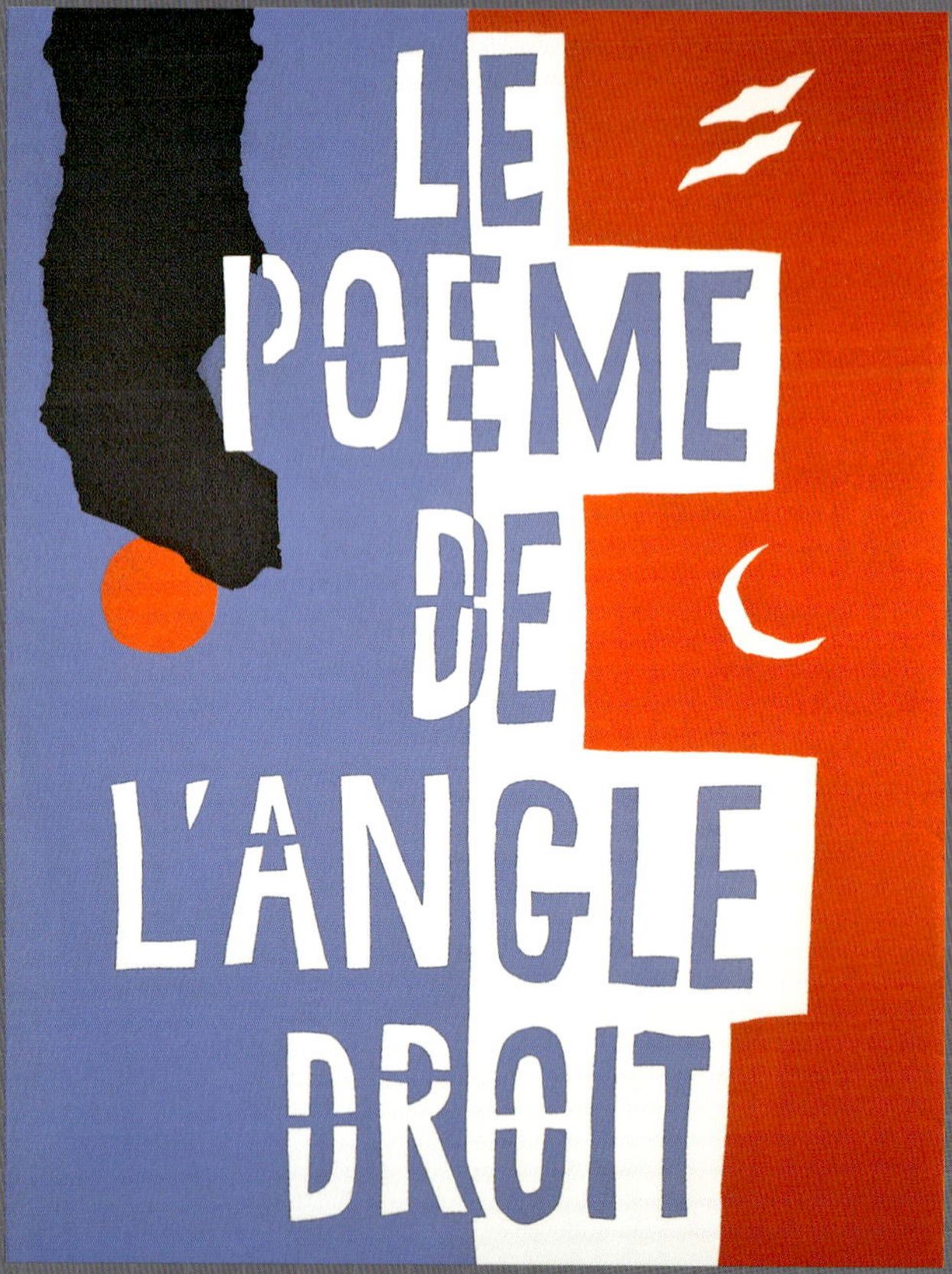

『直角の詩』表紙

7年かけた労作

ル・コルビュジエは多くの出版物を発表したが、本作を皮切りに彼は新たな表現に挑戦する。それは自作の詩とそれに添えた絵からなる詩画集である。

『直角の詩』は、マティスの名作『ジャズ』や、シャガール、ミロ、ピカソらに版画集を制作させたことで知られたテリアードがル・コルビュジエに作らせたものであり、第二次世界大戦後間もない1947年から制作を開始し、1953年に完成し、1955年に発表された。ちょうど《ユニテ・ダビタシオン》に費やしたのと同じだけの年月をかけて制作されている。

本作はムルロー工房の刷りによるリトグラフで、ポートフォリオ形式で箱に入って収められている。外箱、外側の表紙、扉、目次と続いて、本編が始まる。19の章に分けられ、その配列は目次に記されているように「A」から「G」までの縦7段、横は「3」の列を中心軸に左右対称に、1から5、2から4、3だけという構成になっている。ル・コルビュジエはこの不思議な配列を「イコノスタス」、つまり正教会における「聖障《せいしょう》（聖像の描かれた聖なる壁）」とよんでいることから、何か宗教的な、あるいは神秘的な意味をもたせていると指摘されてきた。

各段には順に「A環境」「B精神」「C肉体」「D融合」「E性格」「F贈り物（開いた手）」「G道具」というタイトルがついている。

A・B・C・Eは普遍的なテーマについて、豊富な比喩で描かれている。そしてF・Gは「開いた手」と「直角」というル・コルビュジエにとって最も重要なシンボルについて、短いながらも独立した章を設けてうたっている。そして、Dは詩の内容も絵も錬金術的な特殊なものであり、全体の中心に位置している。

水平と垂直

本作は、太陽に導かれ、建築に向きあおうとするル・コルビュジエの姿勢

『B4 精神』

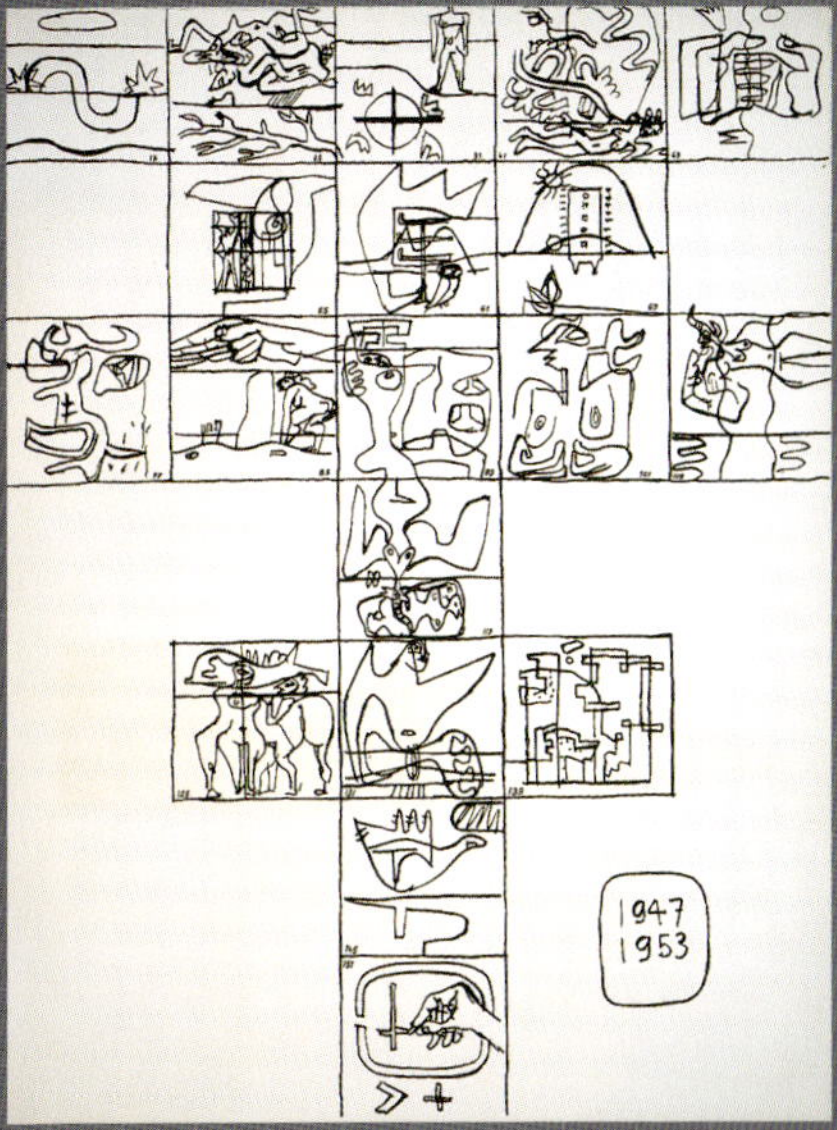

目次 イコノスタスと名付けられた全体構成

や、人や自然に対する考えが語られ、水平と垂直という相反する価値観がぶつかり、融合し、生み出される「直角」こそが人間が生み出した最高のものであるととらえている。ル・コルビュジエは「総合芸術」を追求したが、「直角」はそれを象徴する言葉といってよいだろう。

ほかにもル・コルビュジエはいくつもの版画集を制作している。順に『二つの間に』『パニュルジュ』『海はいつもそこに』『…行列』『ユニテ』である。『二つの間に』では、くだけた感じで、思い浮かんだ詩句がモノクロの挿絵とともに描かれているが、ほかの作品ではテキストは少なく、絵で見せる構成となっている。いずれも具象的な絵はなく、彼が繰り返し描くことで生み出したシンボリックな図像で構成されている。

『A1 環境』

Chapelle Notre Dame du Haut

ロンシャンの礼拝堂

Le Corbusier

20 世紀を代表する宗教建築

1950～55年

❶　写真提供：ユニフォトプレス

「音響的」な礼拝堂

20世紀に入り、カトリック教会はその力を失っていた。これに危惧《きぐ》を感じ、教会を芸術によって満たし、再生させようという動きがあった。マリー・アラン・クーテュリエ神父は『宗教芸術』を出版し、マティスにヴァンスの教会の壁画を描かせ、オダンクールの教会ではレジェをはじめとする芸術家を動員するなど、芸術家たちを巻き込んだ活動を展開した。ロンシャンにおいて、空爆によって倒壊した礼拝堂を復活させようという話がもちあがったとき、ルシアン・ルドゥール神父やクーテュリエ神父らが、今日の宗教建築に新しい精神を吹き込むことができる唯一の建築家だとして、ル・コルビュジエに依頼したのである。

ル・コルビュジエは、カトリック信者ではなかったが、精神性を宿す建築に心惹かれるようになっており、宗派の枠を超えて祈りの場を作るという認識で、《ロンシャンの礼拝堂（ノートルダム・デュ・オー）》

❷ © kozlowski/photoarchitecture.com

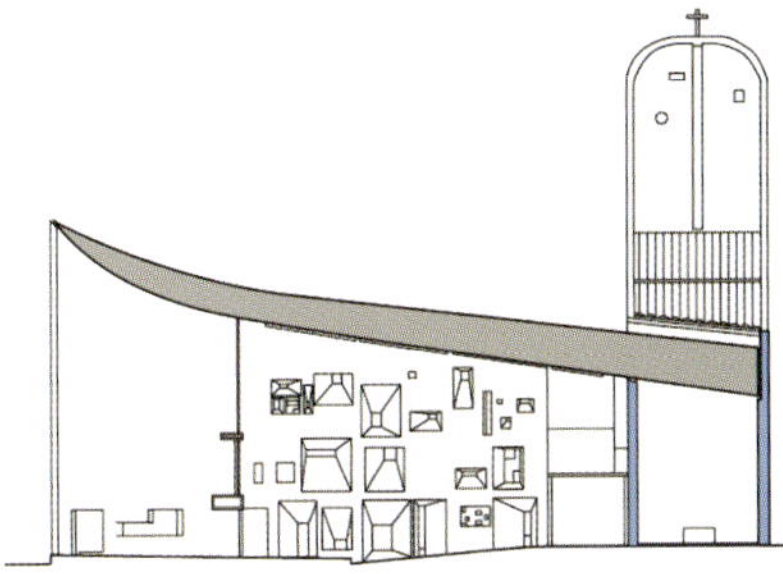

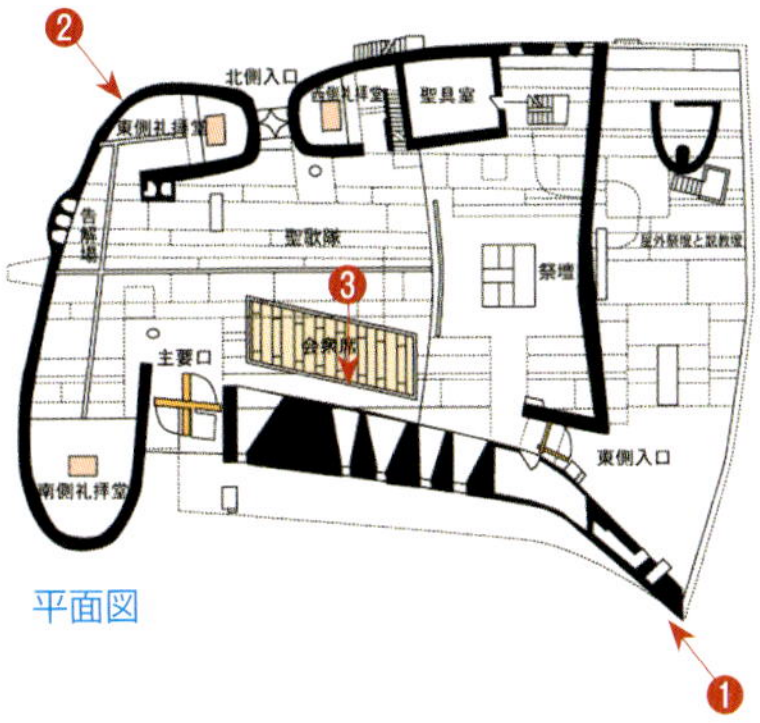

平面図

❶南東側外観。東側には屋外ミサを行うための祭壇や十字架があり、ふだんは堂内を向いている聖母マリア像は回転して外側を向く。
❷北側外観。大小3つの塔が見える。こちら側から見る輪郭は、聖母マリアに祈りを捧げるこの礼拝堂にふさわしく、彼が描いていた「子を抱く母親」のスケッチを思い出させる。塔内部には光が降り注ぎ、ざらざらした壁に光が降る様は官能的。通常は出入口がある西側には告解室が置かれた（雨どい下の壁が膨らんだ部分）。

の創造に取り組んだ。

そこで、彼がこの礼拝堂に与えたテーマは「音響的」であることだった。「教会は『形の世界に導入された音響的な現象』の効果をもって呼びかける。すべてのものは互いにしっかり結ばれ、えも言われぬ空間の輝きを発現し得なければならない」（『モデュロール2』）とし、ソーヌ平野の小高い丘の上にあって、その周辺の環境と響きあうような建築を作ろうとしたのである。

無数の光が作る神聖な空間

この礼拝堂のフォルムは、ル・コルビュジエがロングアイランドで目にした蟹の甲羅からインスピレーションを得たと言われる。しかし、この礼拝堂を印象づける、南東方向に向かって突き出して尖った屋根の形態は、ル・コルビュジエの後期絵画によく登場する、「角」や「翼」のモチーフも連想させる。3つ作られた塔の形は、響きにふさわしく「耳」の形を思わせる。

薄い鉄筋コンクリートの肋材と膜

❹ © kozlowski/photoarchitecture.com

❸ © kozlowski/photoarchitecture.com

❸❹南側壁面の全景と色ガラス窓のディテール。外側が小さく、屋内に向かって広がる漏斗状の窓には様々な色ガラスがはまっている。なかにはマリア、海、といった言葉も書かれている。ランダムに光が降り注ぐ様は、ちょうど水底から水面を見上げるような印象である。当初の計画では、瞑想のためにもっと暗い空間が考えられたが、最終的には多数設けられた色ガラスの窓によっていくらか明るい空間となった。開口部は比較的低い位置にも設けられ、窓外の緑や光の移ろい、風の気配も感じられる。

「全てを理性的に考えることは、世界を凍りつかせる」
（ル・コルビュジエ『人間の家』より）

によって構造に耐えるものが考えられ、破壊されたまま残された石や煉瓦を再利用した。コンクリートの骨組みと、その間を埋める煉瓦や石による非耐力壁を漆喰で隠すという手法自体は、20年代の住宅建築と同じで、モルタルを吹き付け、石灰で白く仕上げられている。ざらざらとした表面は、石のような手触りである。屋根はコンクリートだが、飛行機の翼のように中空で軽く、天井高は平均10メートルで、下部に垂れ下がった最も低いところでは4・78メートルとなっている。壁と屋根の間のスリットから光を入れることで、屋根の軽やかさを強調している。

内部には、南側壁面に開けられた無数の開口部から、色ガラスを通した光がランダムに拡散し、東西北を向いた3つの塔の小祭壇には、トップライトからの官能的なまでの光が降り注いでくる。また、マリア像のある東壁には、無数の穴（明かり取りの小窓）が穿たれている。光が荘厳で神聖な空間を作り出している。

内部の床は、「モデュロール」によって割り付けられた石板が敷かれているが、その目地を強調するかのように、現場打ちされたコンクリートが帯状に床に配された。

通常、キリスト教の教会は、西から入り、東側にある祭壇に向かうが、ここでは入口は南と北側に設けられている。また、祭壇のマリア像は回転し、屋外ミサも可能である。ただし、その場合、礼拝する向きは通常と反対になる。このように、従来の約束事を軽々と乗り越えたプランになっている。

ル・コルビュジエの故郷スイス国境にほど近い丘の上に立つこの教会は、遠くからでも一目で見つけることができる。それは緑の上にちょこんと載った小さな白い帽子のようである。丘の上から穏やかな響きをもたらし、同時に周りからの響きを大きな3つの耳で聴き入っているかのようである。そして人々は、礼拝堂からの響きに誘われて、祈りを捧げに、坂を上っていくのである。

クーテュリエ神父は1954年に亡くなったため、その完成を目にすることはできなかった。

象徴的モチーフ

紡がれる物語

ル・コルビュジエの戦後作品には、不思議な記号のようなものや、空想上の動物たちなど、物語性に富んだモチーフが好んで描かれた。代表的なものを挙げよう。

あらゆるものを与え、そして受け取るために「開いた手」は調和を表し、チャンディガールの街のシンボルとしてキャピトルにモニュメントが建てられた。

「牡牛」はピカソをはじめ20世紀のアーティストたちが好んで描いたモチーフであり、ル・コルビュジエはこの獰猛《どうもう》で生命力あふれる牡牛に自分を投影させるべく描いている。反った屋根の形は牡牛の角を思わせる。「耳」は音響的、響きあうことの象徴である。

「一角獣」もよく描かれた。一角獣は普通処女に従うオスだが、彼が描くのは女性の姿をしている。ヤギのようにも見えるが、本人が「一角獣」と記している。マラルメの「あなたの手の中で私の翼を包んでください」という詩句とセットで描かれることもあり、彼のミューズのような存在なのかもしれない。

インドでは、車輪、木、象、蛇、水牛といった、伝統的な土着のシンボルが描かれた。

ル・コルビュジエが描くモチーフにはメタモルフォーズ(＝変身)の可能性が秘められている。彼は気になる形を繰り返し描くだけでなく、回転させたり、他の要素と組み合わせてみたりすることで、別の姿が浮かび上がってくる意外性を好んだ。一つのモチーフは別の顔をもち、意味が深まる。こうしてまた新しい物語が生み出される。瓶からはペンギン、切り株と根から牡牛、開いた手から鳩、石の模様からは人の顔が現われた。

チャンディガールの《州議会議事堂》の扉絵にはインド的モチーフが数多く描かれた。インドの緑の大地を生きるあらゆる動物たちと、太陽の動きなどが描かれた外側と、黒々とした巨大な陰が支配する夜の時間を現わした内側の2枚がセットとなり、その大画面はまるで曼荼羅のようである(84頁参照)。

《牡牛XVⅢ》1959年（大成建設ギャルリー・タイセイ）
大きな角、鼻孔によって牡牛と判断できる。

チャンディガールでのレリーフ（写真提供：丹下誠司）

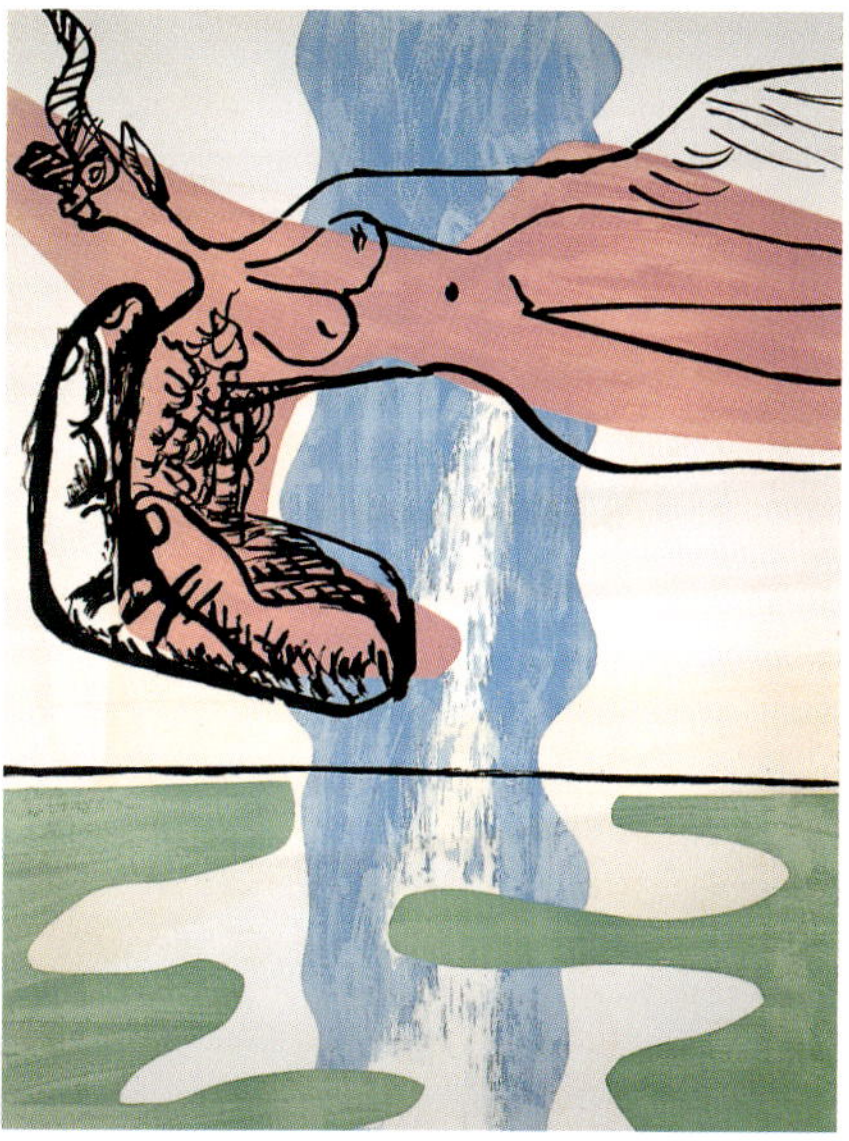

『直角の詩』C.5肉体　一角獣のモチーフ
（大成建設ギャルリー・タイセイ）

Couvent Sainte-Marie de la Tourette

ラ・トゥーレット修道院

Le Corbusier

ル・コルビュジエの建築言語の集大成

1953〜59年

❶

©Olivier Martin Gambier/FLC

生活と祈りの場

フランス第二の都市リヨンの郊外、畑や牧場が続く町から離れた緑のなかに静かに佇むカトリック・ドミニコ会の修道院である。牧歌的な環境のせいか、息苦しさはなく、明るい印象を受ける。

修道院という施設は、修道僧が集団生活をして暮らす生活の場と、学び、静かに祈り思索する宗教的な場という、2つの役割をもつ。ラ・トゥーレットは、ル・コルビュジエがロンシャン(礼拝堂)とユニテ・ダビタシオン(集合住宅)での経験を生かし、それらを統括して作り上げた作品であり、彼の建築のエッセンスが詰まっている。

この修道院は、100の僧房と図書室、研究室、会議室、食堂、教会などからなり、北側に教会が位置し、その南側にそれ以外の施設が、中庭を囲んで「コ」の字型に配され、全ては回廊でつながっている。この構成は、フランス南部のロマネスクの《ル・トロネの修道院》を参照した

❷ ©Olivier Martin Gambier/FLC

❶南側外観。斜面に建っているため、3階にエントランス、図書室、講義室、祈祷堂などがあり、その上の張り出した2層分が僧房となっている。また下層階は食堂、アトリウム、礼拝堂棟への廊下などが配されている。

❷渡り廊下、食堂などのガラス面には、リズミカルな窓枠が設けられている。律動ルーバー（＝パン・ド・ヴェール・オンデュラトワール）は、モデュロールの寸法の組み合わせであり、個々の親密な関係をもった数値の組み合わせは気持ちの良い絶妙なバランスを保ち、桟が床に落とす影は、軽快なリズムを奏でている。この部分を担当したのは、《フィリップス館》も担当したヤニス・クセナキスであった。

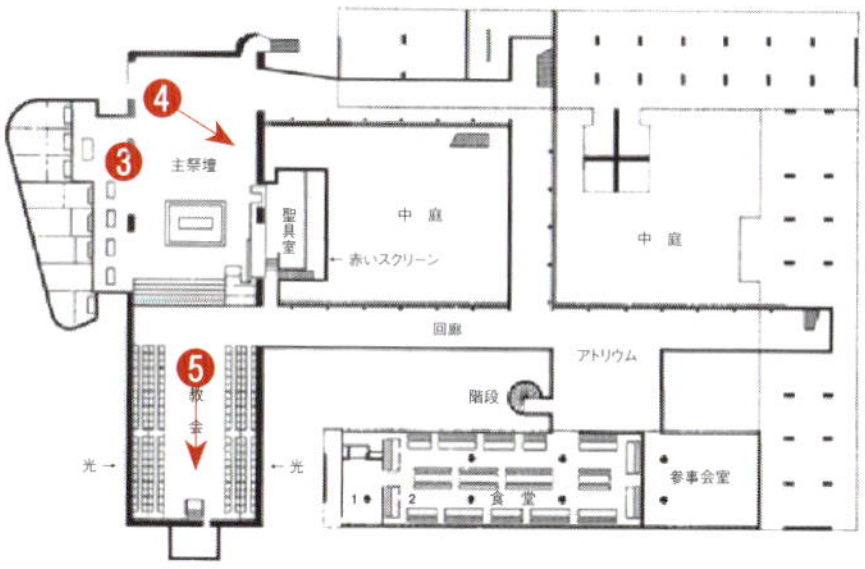

2階平面図

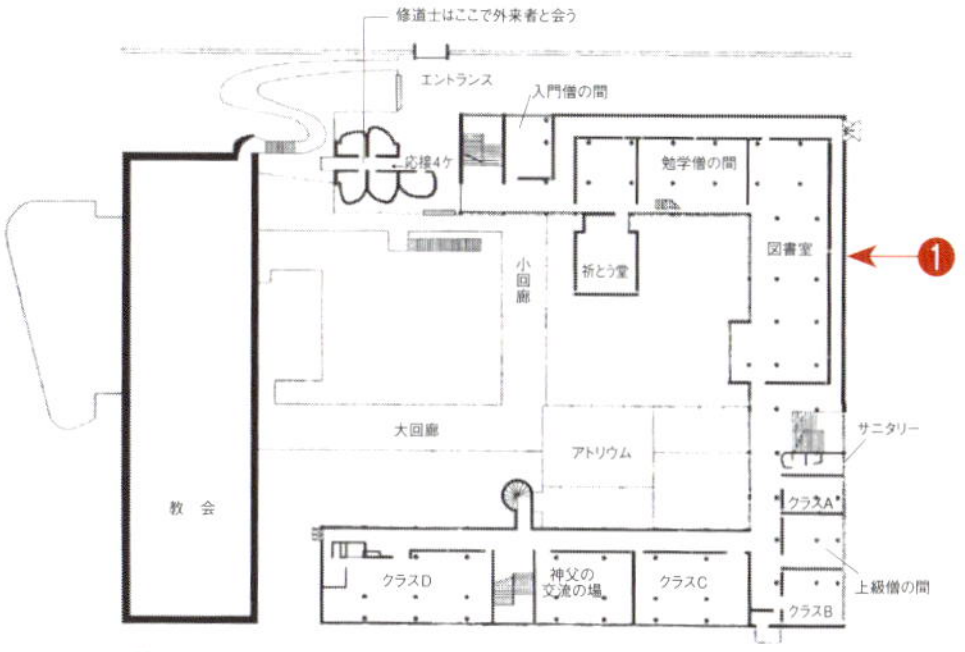

3階平面図

とみられる。また、ル・コルビュジエが若い日に訪れた、フィレンツェ郊外ガルッツォのエマ修道院や、ギリシアのアトス山の修道院との共通点も見いだせる。

リズミカルな水平と垂直の対比

敷地は西下がりの急な斜面であるため、最も高い東側に建物のエントランスを置き、そこを3階として、上下に展開するような構成となっている。1階は西側地面ぎりぎりの高さまで下りているが、地面に接することはなく、ピロティで持ち上げられた層から吊られ、地面との間には2センチの隙間が空けられている。東側にあるエントランスも、土地から直接つながることなく、ブリッジを渡って入ることで、完全に地面から独立している。

ラ・トゥーレットのピロティの個々の脚は細く、数が多い。また、アトリウム部分を支えるピロティは、斜めのアーチ状の形をしており、中庭に入ると、樹木に囲まれたよう

©Olivier Martin Gambier/FLC ③

©Olivier Martin Gambier/FLC ④

③礼拝堂の3つの「光の大砲」の内側にはトリコロールが塗られ、光が差すことで筒部分を通る光は、その色を浮き立たせる。ほかにも開口部の面を着色することで、照明を使わずとも、コンクリートのグレー一色の室内に色を取り込むことに成功した。まさに光と色の競演によってつくりだされる「えも言われぬ空間」である。官能的で、視覚的な手触りとでもいったらよいのか、雄弁かつ親密的であった《ロンシャンの礼拝堂》に比べて、知的で静かな印象を受ける。

④礼拝堂主祭壇

⑤礼拝堂内部。西側方向を見る。高い天井を見上げると、四角くトップライトが開けられ、天井と壁上部にはロンシャン同様、スリットが巡らされている。高いところからの光が神々しい。また、椅子の背後にもスリットがあり、着色したことで、カラフルな光が差し込み、アクセントをもたらしている。

に感じられ、森を見上げるところに修道院が建っているような印象を与える。礼拝堂棟のみピロティをもたず、コンクリートのマッシブな塊が、緑の斜面にどっしりと腰を据えていて、僧房などのある「コ」の字部分との違いを際立たせている。

4、5階の張り出したテラスの窓の構成と、3階以下のガラス窓の縦割りのリズミカルな桟、最下部のピロティの林立する柱が、この作品における水平と垂直の対比、すなわち直角を意識させる。

コンクリート表現の可能性

ここでは彼のさまざまなコンクリート表現を見ることができる。僧房部分の外壁は非常に粗いコンクリートで、石を固めただけのような印象を受ける。同じような仕上げは《国立西洋美術館》でも見られるが、石の生々しさや迫力はこちらが上である。また、玄関脇には、《マルセイユのユニテ・ダビタシオン》の屋上同様、手捻りして作り上げた小山のような、コンクリートの塊がある。

5　©Olivier Martin Gambier/FLC

内部の廊下などは白く塗られているが表面はざらざらしており、20年代の住宅とは全く異なる「白」である。窓枠や配管など、ところどころには、赤、青、黄色といった原色がアクセントとして塗装されている。

ちなみに礼拝堂のなかは、おおむね剥き出しのコンクリートだが、床、壁面、天井で異なるリズムを見せている。そして、「光の大砲」と名付けられた大きな円筒形の3つのトップライトがある祭壇は、この修道院のハイライトである。効果的に原色の彩色が施され、トップライトや壁面スリットから差し込む光が神々しい。

ル・コルビュジエは、さらにリヨン近郊の小都市フィルミニの《サン・ピエール教会》を依頼される。この教会はル・コルビュジエの没後、紆余曲折を経て2006年に竣工した。ここでは朝から夕方までの光の移動を考慮し、時の移ろいにあわせてさまざまな方向から光が差し込むように作られており、じつに美しい空間をつくり出している。

多様な表現

「芸術は永久に人間の情感に奉仕するであろう」(ル・コルビュジエ『今日の装飾芸術』より)

壁画――室内空間に生命をもたらすもの

ル・コルビュジエが最初に壁画を描いたのは、1936年に友人で建築雑誌の編集者であるジャン・バドヴィッチがもつ別荘でのことであった。バドヴィッチはフランス中部の歴史ある小村ヴェズレーにいくつもの農家を所有し、それらに手を加えるのを趣味にしていた。そのなかの1軒は、画家フェルナン・レジェに壁画を描いてもらっており、ル・コルビュジエは、自らすすんで壁画を描かせてもらった。それまでにも、フォトモンタージュによる写真壁画は《スイス学生会館》で制作し、その後も《デュヴァルの織物工場》や《サラバイ邸》などで、写真を用いた壁画を制作している。

フランスでは1935年に「壁画芸術協会」第1回展覧会が開かれ、1937年のパリ万博では、仕事を失ったアーティストたちを救済するために、積極的に画家たちに壁画制作が任された。その結果、《電気館》でのラウル・デュフィによる「電気の精」や、《飛行機館》でのソニア・ドローネーによる「リズム」、《発見館》でのレジェの「力の伝達」などのように、素晴らしい作品が描かれた。

ル・コルビュジエは、ヴェズレーでの壁画以後、たてつづけに数点の壁画を描いている。それらは、自らが設計を手掛けた《青年クラブ》(パリ、1940年)、自分の事務所の突き当りと執務室(1948年)、友人コスタンティノ・ニヴォラの家(1951年)などであり、なかでも完成度が高いのがさまざまなモチーフが集約された《スイス学生会館》(1948年の改修時に描いた)である。一方、バドヴィッチのパートナーであった建築家アイリーン・グレイが作った海辺の家《E1027》への壁画は、グレイの許可を得ずに描いたことから、芸術的な侵略行為であるとして激しく非難されることとなった。

ル・コルビュジエは装飾的な壁紙などを嫌い、20年代においては壁面ごとの彩色しか行わなかった。壁画は、壁一面をいわばカンヴァスに見立てて描く芸術作品であり、装飾的な壁紙とは違い、室内空間に生命をもたらすものと主張した。やがて、この考え方は「ノマドの壁」タピスリーへと展開していった。

タピスリー――持ち運べる壁画

昔の石造りの城館の壁を彩った大型のタピスリー(=タペストリー、織物による壁掛け)は徐々にすたれ、新しい作品はあまり作られなくなっていった。そんな20世紀においてタピスリーの復権に尽力した二人の人物がいる。一人はマリー・キュットーリという外交官夫人で、サロンを開き、さまざまなアーティストとの交流をもっていた女性。彼女はタピスリー制作のプロデューサー的な役割を演じ、1930年代には、レジェやピカソらに協力を求め、タピスリーを制作した。ル・コルビュジエも1936年に1点だけ「マリー・キュットーリ」という作品を制作している。そして、もう一人は、ジャン・リュルサ。天才的なタピスリー作家で、独特のイガイガした表現で動物や星を描いた神秘的な題材の作品を数多く制作している。

《奇妙な鳥と牡牛》（タピスリー）　1957年（大成建設ギャルリー・タイセイ）

ル・コルビュジエは、戦後、オービュッソンにあるピエール・ボードゥアンの工房との協働で、いくつものタピスリー作品を残した。

チャンディガールの《高等裁判所》では法廷ごとに異なる巨大なタピスリーを、壁面全体を覆うように設置したが、これは、保温性と吸音性に優れるタピスリーがコンクリートの空間にとって効果的だったからである。ここでのタピスリーは、カシミール地方の女性たちによって織られた。

彼がタピスリーを好んだのは、もう一つの理由がある。それは、タピスリーは「ノマドの壁（mural nomade）」＝遊牧民の壁、あるいは放浪する壁、だからである。つまり、引っ越したり、賃貸住宅に住んだりすることが多い現代人の生活スタイルにふさわしい、持ち運べる壁画だということである。タピスリーによって、どこでもすぐに「ル・コルビュジエの空間」を演出することができるというわけである。30年代後半から40年代にかけて、壁画制作を好んで行った後、壁画としてのタピスリー制作に力を注いだのは自然な流れであろう。彼が作ったタピスリーはいわば布製の壁という位置づけだったので、サイズもモデュロールに従った大きなもので、設置する際は天井からぶら下げる、あるいは壁に掛けるのではなく、床に下辺をつけて設置し、壁そのものであることを強調した。

ちなみに、東京・渋谷の映画館にあった緞帳が、ル・コルビュジエにとって最大の織物作品であった。ここを設計した弟子の坂倉準三から依頼をうけたル・コルビュジエがデザインし、京都の川島織物が織り上げたものである。現在は建物の取り壊しとともに外され、倉庫で眠っている。

エマイユ——美しく艶やかな発色と耐久性をもつ

エマイユとは、エナメル、あるいはホーロー（琺瑯）ともいわれ、金属の表面にガラス質をコーティングしたものである。鍋などを想像するとわかりやすいが、エマイユの強みは、その美しい艶やかな発色と耐久性である。

ル・コルビュジエは1953年に初めてエマイユ作家ジャン・マルタンの工房を訪問し、この美しいエマイユを建築に導入しようと考える。彼は小品のエマイユ作品も制作したが、重要なのは、《ロンシャンの礼拝堂》や《チャンディガールの州議会議事堂》で作ら

ロンシャンの礼拝堂の南側扉　1955年
（写真提供：下田泰也）

チャンディガール議事堂の扉　1964年

《パニュルジュ》1964年（ル・コルビュジエ財団）

れた大きな回転扉である。それらは、70×140センチの小型のエマイユを連結して大画面をつくった。《州議会議事堂》のものは、7.7×7メートルという巨大なもので、フランスで作ったものを海路インドに運び、現地で組み立てた。

ル・コルビュジエの父親は時計職人であったが、専門としていたのは、エナメル仕上げであった。父ジョルジュが亡くなってから30年近く経って、ル・コルビュジエのなかの父の思い出が甦ったかのようである。

彫刻——絵画と建築をつなぐもの

ル・コルビュジエは戦後、彫刻作品を制作しているが、これらは、ブルターニュ在住の家具職人で、《ロンシャンの礼拝堂》の什器などを手掛けたジョセフ・サヴィナとの協働作業で生まれたものだった。

二人は、共通の友人の紹介で1935年に知り合った。ル・コルビュジエは体調を崩した折、ブルターニュ地方のトレギエという街で療養し、この地方の海岸にある有名な奇岩をいくつも描いているが、サヴィナのアトリエもこの近くにあった。ル・コルビュジエはこうした岩や風景を描いたスケッチをサヴィナに送り、自然の本質をどう見て表現するかを伝えた。これに応じ、サヴィナは家具職人の技を活かして、彫刻作品をつくるようになる。その後、捕虜となったサヴィナが戦後収容所から戻り、再び彫刻を作り始め、二人の協働が始まった。ル・コルビュジエが描いたスケッチをもとにサヴィ

《イコン》1963年（大成建設ギャラリー・タイセイ）

ナが木を彫り、組み立てる。それをル・コルビュジエが調整し、着色して仕上げるという制作方法をとった。こうしたスタイルは、設計者と建設業者による分業のようである。

ル・コルビュジエが彩色彫刻を好んだのは、古代ギリシアの彩色彫刻への共感が根底にあるのだろうが、絵画がそのまま立体化したものとの認識があることも理由の一つと思われる。実際、彼らが作る彫刻は、正面性が高く、側面や背後が物足りないという点は否めない。また、着色することで、形が際立ち、生命感あふれ、イメージが一層広がることを狙ったと思われる。絵画から、レリーフ、彫刻と、徐々に三次元化していき、それは絵画と建築という立体物をつなぐものだったのである。彫刻は空間のなかに立ち上がり、周囲の空間に響きをもたらし、同時に音を聞く音響的な働きをもたらすものである。それは建築と同様である。

レリーフ――署名代わりのモチーフの型押し

戦後、ル・コルビュジエは《国連本部ビル》計画のためにニューヨークに滞在した折、カフェで知り合いになったサルデーニャ島出身のイタリア移民の画家コスタンティノ・ニヴォラの家に世話になった。ニヴォラはマンハッタン8番街にアパートを持っていたが、ロングアイランドに拠点を構え、積極的にアーティストたちと交流していた。ル・コルビュジエは、ニヴォラを通じて知り合いとなった画家のジャクソン・ポロックが運転する車に乗せてもらったが、このときのことを思い出して、ポロックは運転の才能はあるが、画家の才能はない、と毒舌《どくぜつ》を吐いている。

ル・コルビュジエが、ロングアイランドの浜辺でニヴォラの息子と砂遊びに興じている写真が残っている。ニヴォラに教えてもらいながら、砂を固めてオブジェを作った経験が、コンクリートに型押しをしたレリーフや、コンクリートを固めた築山などに展開していったとみてよいだろう。

《ユニテ・ダビタシオン》では「モデュロール」を象徴する人形を型押しし、《ロンシャンの礼拝堂》では巡礼者のシンボルである帆立貝を、チャンディガールでは車輪や馬、水牛などのインドの伝統的モチーフを型押しした。また、フィルミニの《青少年文化の家》では側面の壁全面に牡牛モチーフが大きく刻まれている。それらはいずれも、ル・コルビュジエの署名代わりといえるものだった。

フェルミニ《青少年文化の家》外壁　1956年

Chandigarh, Ahmedabad

チャンディガール、アーメダバード

Le Corbusier

インドの大地に築いた壮大な都市

1951～64年

写真提供：丹下誠司

❶

インド屈指の緑豊かな街になる

1950年11月、パリの事務所にインドから来客があった。彼らはル・コルビュジエにインドに街を作ってほしいと頼みに来た政府の役人であった。

第二次世界大戦によってインドからパキスタンが分離独立したことで、インドはパンジャブ州の新しい州都を建設する必要があった。そこで、アルバート・マイヤーとマシュー・ノヴィッキに都市計画を依頼したが、ノヴィッキが飛行機事故で亡くなったことから、改めて、全体を取りまとめる建築家が求められ、ル・コルビュジエが選ばれた。

ル・コルビュジエは仕事を引き受け、再従弟のピエール・ジャンヌレを呼び、このプロジェクトの協力を仰いだ。ほかにマクスウェル・フライ、ジェーン・ドリューや地元の建築家たちが協力した。ル・コルビュジエは初めてヒマラヤを望むチャンディガールの広大なインドの大地を目の当たりにしたとき、何もないぜ

❷

❶《州議会議事堂》 正面玄関手前のポーチ部分に重くかぶさる屋根は、牡牛の角のようなU字形をしている。正面の軒下は陰を強調するように黒く帯状に彩色されているが、そこに爆発するような色彩のエマイユによる扉を置くことで、ここに視線を集中させている。
❷《州議会議事堂》 内部の、柱が立ち並ぶホールはあたかも古代神殿か、樹木が林立する森のようでもある。この森を抜けて入る塔内部の議場は黒く塗られ、そこに雲のような形をした黄色い反射板が巡らされている。床は真っ赤な絨毯である。塔の上部のトップライトから光が差し込むと、さぞ荘厳なことだろう。ル・コルビュジエは《州議会議事堂》を「太陽に捧げる祭壇」と呼んだが、まさにそのように感じられる。
❸《チャンディガールの地図》 800×1200メートルを1区画（セクター）とし、各区画に性格をもたせた。一番上の黄色いエリアが「キャピトル」。

❸

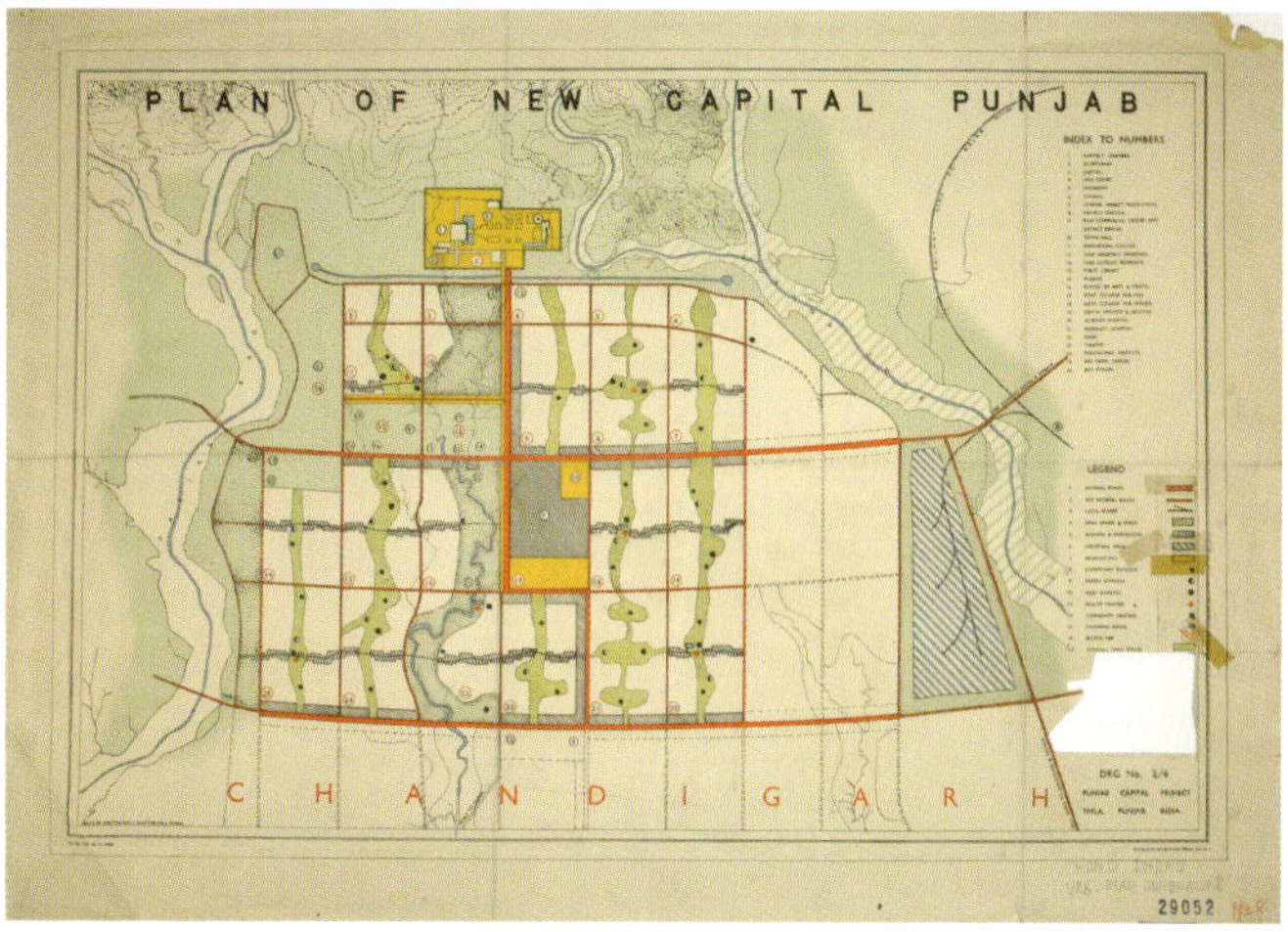

ロの大地に街を作りだすことに面くらった。基準にするもの、とっかかりとするものが存在しないからだ。そこで彼は、「モデュロール」片手に、これをよりどころとして街区割を決定し、ブロックごとに商業、教育、工場、官吏、職人たちの家のエリアなど、異なる性格の街区を配置した。また、人造湖と川、それぞれに付随した緑地帯を設け、街じゅうに緑の公園をちりばめるなどの配慮がなされた。植栽に関しては、チャンディガールの気候を調べ、それに適した樹木の選定を慎重に行ったことで、その結果、現在ではチャンディガールはインド屈指の緑豊かな街となり、「ガーデンシティ」と呼ばれている。

　州都に必要な頭脳ともいうべき公的機関が集まるキャピトルは、街の北側、ちょうどチャンディガールの頭になるような場所に配された。ここには、《州議会議事堂》《合同庁舎》《高等裁判所》が置かれ、街のシンボルである「開いた手」のモニュメントがある《思慮の谷》とよばれる

4

写真提供：丹下誠司

5

散策エリアや、東屋のような《影の塔》が建てられたほか、実現に至らなかった《総督公邸》などが構想された。都市全体の街づくりはまだまだ途中であったが、ル・コルビュジエはこのキャピトルのエリアの個々の建築物の設計に没頭し、それ以外の部分については、ピエール・ジャンヌレをはじめとするほかの建築家に任せた。

《高等裁判所》は、鉄筋コンクリートによる造形に対して積極的に新しい可能性を示したものであり、キャピトルに最初に建てられた建築である。巨大なコンクリートの柱に支えられる傘状の大屋根、垂直性を示すエントランスの大柱、その奥には空間を斜めに切る長大なスロープが現われ、ダイナミックな大空間の造形が強調されている。

《州議会議事堂》は大きな作品が点在するキャピトルのなかでも、コンクリートの迫力ある造形の故にひときわ目をひく。議場本体の屋根は頂部を斜めに切り取った双曲線曲面板の塔となっていて、それがマッシ

❻

ブな直方体に無理やり嵌《は》め込まれたような形をしている。この形は、発電所のクーリングタワーを参照したともいわれるが、もとをたどると、故郷の伝統的な農家の煙突部屋にアイデアソースがあるのでは、ともいわれている。さらに、塔の全体的なフォルムと、頂頭部の円盤状のパネルから、1970年の大阪万博の《太陽の塔》が連想される。

《合同庁舎》は州都に必要な省庁を一つにまとめたオフィスビルで、巨大な壁のような姿は、広々とした草原のような場所にあって存在感を放っている。

インドの伝統的建築要素を取り込む

チャンディガールにル・コルビュジエが来ていることを知った、アーメダバードの裕福な商人たちが、自分たちの街にも建築を残してもらおうと、ル・コルビュジエに働きかけた結果、《繊維業者会館》《サラバイ邸》《ショーダン邸》《サンスカル・ケンドラ美術館》が誕生した。

ル・コルビュジエは1年に2回のペースでインドを訪れ、滞在中は現地の人々と同じものを食べ、同じような暮らしをすることに努め、インドの古くからの建築物を見学し、インド人の生活を肌で感じ取った。その結果、傘状の屋根による半屋外のようなスペース、奥行きの深い軒(ブリーズ・ソレイユ)、いたるところに風通しをよくするために開けた開口、プールや池を建物の前面に設けて、水面を渡る涼しい風を屋内にもたらす工夫などが試みられた。ル・コルビュジエはコンクリートで記念碑性の高い迫力ある建築を作ってみせたが、それらは同時に伝統的な建築様式をふまえ、現地の気候風土に対応した建築でもあったのだ。

❹《合同庁舎》この巨大なオフィスビルは、長さ254メートル、高さ42メートルもあり、中では3000人の官吏が働く。全体で6つのブロックに分かれ、それぞれは垂直にエクスパンション・ジョイントで仕切られている。ファサードは奥行きの深いブリーズ・ソレイユがリズミカルな表情を作っている。斜路はついに建物に収まらず、外に飛び出している。屋上は「ユニテ・ダビタシオン」と同様、散策路を備えた屋上庭園となっている。

❺《高等裁判所》この建物は正面から見るとヴォールトが連続するイスラムやインドのグジャラート建築を思わせるが、このヴォールトは東西方向だけでなく南北方向にも走っている。高裁の前には池が設けられているが、ここに映りこんだ「逆さ高裁」が作り出すダブルイメージの迷宮の面白さを狙っていた。詩画集『二つの間に』のなかで、水面にその姿を映しながら、空を往く船を詠っている。高裁はヒマラヤの空を往く船だったのかもしれない。

❻《繊維業者会館》アーメダバードは繊維業で栄えた商業都市。サバルマティ川の岸に建つこの会館は、軒の深いブリーズ・ソレイユによって、陽射しを遮り、風を通す工夫がなされている。長く突き出た滑り台のようなスロープと外階段が、アクセントとなっている。

❼「開いた手」全てを与え、受け取ることを意味する「開いた手」をチャンディガールの街のシンボルとして、モニュメントを作ろうとしたが、ル・コルビュジエの生前には間に合わなかった。完成までに長い年月を必要としたが、現在は、彼の計画どおりにキャピトルの一角に建っている。

❼

写真提供：丹下誠司

Musée National d'Art Occidental

国立西洋美術館

Le Corbusier

日本に残された唯一の作品

1955～59年

❶

©国立西洋美術館

日仏友好のシンボル

《国立西洋美術館》は、戦後の日仏の友好のシンボルである。川崎造船所の社長であった松方幸次郎《まつかたこうじろう》は、戦前ヨーロッパ各地で収集したコレクションをフランスで保管していたため、第二次世界大戦後、それらはフランス政府の所有となってしまった。日本側からの返還要望に対し、フランス美術館の創設という条件が提示されたことで、日本政府が美術館の設置を決定し、1955年に設計者としてル・コルビュジエが選ばれ、日本側協力者として前川國男《まえかわくにお》、坂倉準三《さかくらじゅんぞう》、吉阪隆正《よしざかたかまさ》の3人の弟子たちが決まった。そして、同年11月にはル・コルビュジエが生涯でただ1度だけの来日を果たし、現地調査を行った。その後、58年に着工し、59年3月に竣工をみた。こうして《国立西洋美術館》は誕生し、松方コレクションも返還された。

ル・コルビュジエの来日時には、日本の建築界は湧き立った。わずか1週間の滞在中、彼は休む間もなく

❷ ©国立西洋美術館

❸ ©国立西洋美術館

❶ル・コルビュジエは若い頃から繰り返し美術館建築のプロジェクトを提案したが、実現したのは、《サンスカル・ケンドラ美術館》(アーメダバード、インド)、《チャンディガール美術館》(チャンディガール、インド)と、この《国立西洋美術館》の3つだけである。《国立西洋美術館》は、鉄筋コンクリート造りで、地上3階、地下1階、および塔屋1階で、建築面積は1587平方メートル、延床面積4399平方メートル、展示室1533平方メートルである。

❷2階展示室内部。トップライトからの明かりを取り込む計画であったが、現在は人工照明によって館内を照らしている。

❸美術館の中心部「19世紀ホール」には、写真壁画が壁面を彩ることになるはずだったが、締切日になってもル・コルビュジエが具体的な案を提出できず、時間切れとなってしまった。先人への敬意と未来につながる芸術を表現したい、と語っていたことから、どのような写真壁画になっただろうかと興味深いが、収蔵作品以上に強烈な写真壁画が19世紀ホールを「ル・コルビュジエのホール」に変えてしまったであろうことは容易に想像がつく。

引っ張りまわされたせいか、このときの彼のスケッチブックには、寺の扉のディテールなど数点が描かれたほかには、上空から見た富士山しか残されていない。

無限成長美術館とは

ル・コルビュジエの美術館建築は、「無限成長美術館」というコンセプトでつくられ、来館者は建物の中央の芯の部分にまず入り、そこをスタートして、ぐるぐる渦巻き状に広がる展示室を歩いていく、というプランになっている。《国立西洋美術館》でも、ピロティによって導かれた来館者は、まず「19世紀ホール」という館の中心部にある吹き抜けの大きな展示ホールに入る。トップライトからの光で明るいホールにあるスロープで2階に上がり、そこからは展示壁に促されながら、時計回りに展示室をまわっていくのである。

もともとのコンセプトでは、作品が増えれば、外側にどんどん増築していき、渦巻きを増やしていくことで展示室を拡張し、「無限成長」させるとしたが、《国立西洋美術館》は完結型の美術館となっている。

日本政府から美術館建設を依頼された際、ル・コルビュジエは、美術館に加えて、企画展を専門に扱う「展示館」、屋内外にステージを設けた劇場「不思議の箱」、講堂などを含めた総合的文化センターを提案している。このコンセプトは、1920年代末の《ムンダネウム》計画から一貫したものである。

2007年には国の重要文化財(建造物)に指定された。

Cabanon de Le Corbusier

カップ・マルタンの休暇小屋

Le Corbusier

ル・コルビュジエの終《つい》の棲家《すみか》

1951～52年

❶ ©Olivier Martin Gambier/FLC

地中海を見下ろす終焉の家

ル・コルビュジエの終焉の地、カップ・マルタン。ここはニースやモナコといった地中海屈指の高級リゾートと、イタリア国境との間に位置する。ル・コルビュジエはバドヴィッチとアイリーン・グレイの家《E1027》を訪問した際、地中海を見下ろすこの地を非常に気に入り、その後、何度か滞在する。そしてビストロ「ひとで」の主人リュビュタトーと親しくなったことで、彼はこの斜面を利用したホテル《ロク・ロブ》を計画し、バカンス客用の簡易宿泊施設《ユニテ・ド・キャンピング》と「ひとで」に隣接した小さな土地に自分たち夫婦用の《休暇小屋》をつくった。

《休暇小屋》は、ル・コルビュジエ曰く、妻イヴォンヌの誕生日プレゼントとして作ったもので、その設計はあっという間に出来上がったとしている。その言葉を鵜呑みにはできないが、「モデュロール」の数値の組み合わせだけで構成したことか

©Olivier Martin Gambier/FLC ❷

❶外観。写真奥が隣接するビストロ「ひとで」。開放的な南仏にあって、閉鎖的な印象。

❷室内にはシングルベッドが2つ、洗面台、トイレ、戸棚、壁に付属した机とスツールがあるだけ。キッチンは無いが、入口脇の潜り扉が隣の「ひとで」に通じており、食事はそこで摂った。バスルームはなく、シャワーは屋外で浴びていた。地中海に張り出した小さな岬というロケーションにありながら、海を見下ろせるのは1つの窓だけで、小屋にあるほかの小さな窓は眺望を楽しむというより、明かり取りと風を取り込むためのものだった。雨戸は折りたたみ式で、半分にはル・コルビュジエによる絵画、半分は鏡張りになっている。このため、雨戸の折りたたむ角度を調整することで、反射して、明るい陽射しを室内にもたらした。ここは隠棲するための空間であった。彼はこの地に来ても、スケッチを描いたり、構想を練ったりすることがあったが、それは、《休暇小屋》から数メートル離れたところに作った、さらに小さな作業小屋（こちらは明るい窓がある）で行っていた。

ら、簡単にプランがまとまったことは事実であろう。

バカンスのための小屋

それにしても、広さは10畳ほどの簡素な木造の小屋が、世界的に有名な建築家が毎夏を過ごす家であったとは驚きである。残念なことに、イヴォンヌはこの小屋ができてからわずか5年ほどでこの世を去ってしまい、その後、ル・コルビュジエは抜け殻のようになってしまったが、妻の出身地であり、彼自身が憧れ続けた地中海のこの小屋に、彼は毎年通い続けた。

1965年の夏は、ヴェネツィアで建設される予定だった新しい病院のために忙しい毎日を過ごしていた。現地での会議を終えたル・コルビュジエは、遅いバカンスを過ごすために、いつものようにカップ・マルタンにやってきた。その数日後、8月27日の朝、近所のご婦人と立ち話をした後、ル・コルビュジエは、海辺へと降りていった。地中海に抱かれてその生涯を終えた。

ル・コルビュジエとイヴォンヌは《休暇小屋》のある村の坂の上、地中海を見下ろすロクブリュンヌの共同墓地に、ル・コルビュジエ自身がつくった墓のなかに眠っている。

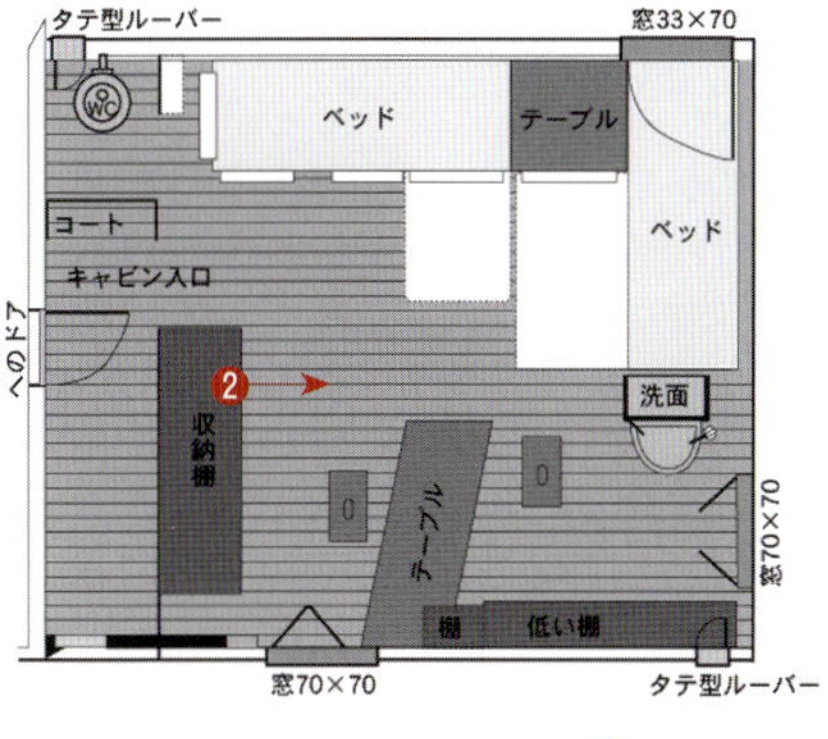

平面図 ❶

おわりに

ル・コルビュジエがどんな時代を生き、どんな経験をしてきたか。彼がこのような作品をつくった背景には何があったか。少しは彼の作品を知る手掛かりとなったでしょうか。本書を通して、ル・コルビュジエと彼の作品に興味をもち、あるいは、誰かの建築に興味をもって、実際に訪れてみたい、と思っていただけたなら嬉しく思います。

建築は空間です。ル・コルビュジエも建築は「地上1・6メートルにある目によって体験される」と語っています。今日では写真や動画だけでなく、三次元で空間を把握できるような媒体もありますが、やはり、その場に行って、なかを歩き回ったり、壁を触ったり、そこで聞こえてくる音を聞いたり、さらに周辺を歩いて建築物がそこに建ち、醸し出している空気を味わわなければ、本当に体験したとはいえないでしょう。

ル・コルビュジエの現存する建築物のいくつかは公開されていて見学が可能です。是非、実際に訪れて、彼の苦悩や喜びを共有してみてください。できれば1つの建築物に1日は居てみてください。光に心を配ったル・コルビュジエが、どのように演出したか、朝から夕方までじっくり体験してみると、その空間の豊かさに気付かされることでしょう。そして、さまざまな苦難を乗り越えて、それでも作り続けたル・コルビュジエの気迫が感じられる本物の空間の迫力を是非体感していただきたいと思います。

それから、ル・コルビュジエは建築だけでなく、様々な分野で作品を作り続けました。建築という制約の多い創作活動と異なり、絵画や彫刻といった純粋芸術には、彼の実験精神があふれています。ただ、他のアーティストたちと違うのは、彼が手がけた作品は全て建築につながり、空間をともに作りあげていくものだったということです。「諸芸術の総合」は一つの大きなテーマとして様々な人が取り組みましたが、これを全て自分でやってのけてしまおうとしたところに、ル・コルビュジエの、ミケランジェロのようなルネサンス型人間への憧れをみることができるでしょう。

写真提供：ユニフォトプレス

地中海を見下ろすル・コルビュジエ夫妻の墓。海と太陽を表す鮮やかなエマイユに、名前や生没年などが記されている。コンクリートには巡礼地を示す帆立貝が型押しされ、まさしくここは「ル・コルビュジエ巡礼」の最終地である。

日本で見られるル・コルビュジエ

いくつかの施設でル・コルビュジエの作品に触れたり、情報を得たりすることができます。

○国立西洋美術館

東アジア唯一のル・コルビュジエ建築作品は、東京・上野の《国立西洋美術館》です。完成後の増築などがありますが、本館はほぼオリジナルの姿をとどめています。本館の建築を紹介するガイドツアーや、ル・コルビュジエにまつわる小企画展などが随時開催されます。

〒110-0007　東京都台東区上野公園7－7　月曜日、展示替え期間は休館

https://www.nmwa.go.jp/jp/

○大成建設ギャルリー・タイセイ

「人びとを幸せにする建築をつくる」ことをモットーとしたル・コルビュジエの姿勢に共感し、彼の絵画・版画・彫刻などの作品を収集している大成建設株式会社。現在は、WEB上において「ギャルリー・タイセイ」を展開し、3DCGによるバーチャルギャラリーや、ル・コルビュジエの業績をまとめたアーカイブを公開しています。

大成建設が所蔵する絵画作品などは、作品寄託先である国立西洋美術館で随時展示されています。

https://galerie-taisei.jp/

WEBギャルリー・タイセイ内
バーチャルギャラリーでの展示風景

アート・ビギナーズ・コレクション
もっと知りたい **ル・コルビュジエ** 生涯と作品

2015年3月30日 初版第1刷発行
2025年1月31日 初版第4刷発行

著 者 林 美佐
発行者 大河内雅彦
発行所 株式会社東京美術
〒170-0011
東京都豊島区池袋本町3-31-15
電話 03(5391)9031
FAX 03(3982)3295
http://www.tokyo-bijutsu.co.jp
印刷・製本 株式会社光邦

乱丁・落丁はお取り替えいたします。
定価はカバーに表示しています。

ISBN978-4-8087-1026-2 C0052

著者
林 美佐〈はやし・みさ〉
東京都生まれ。学習院大学大学院博士前期課程（美術史）修了。東京都庭園美術館学芸員を経て、現在、大成建設ギャルリー・タイセイ学芸員。専門はル・コルビュジエの美術作品。「ル・コルビュジエ 1996-1997」展（セゾン美術館他、1996～97年）、「ル・コルビュジエ展：建築とアート、その創造の軌跡」（森美術館、2007年）、「ル・コルビュジエと20世紀美術」展（国立西洋美術館、2013年）の他、近代建築に関する展覧会に携わる。著書に『再発見 ル・コルビュジエの絵画と建築』（彰国社、2000年）、『ル・コルビュジエ』（「コレクション・モダン都市文化シリーズ第43巻」ゆまに書房、2009年）他。

写真協力（50音順）
相原正明／カッシーナ・イクスシー／国立西洋美術館／下田泰也／大成建設ギャルリー・タイセイ／丹下誠司／フロジェ典子／ユニフォトプレス／ル・コルビュジエ財団

本文デザイン
柳原デザイン室

編集
NEO企画（長尾義弘）

カバーデザイン
幅 雅臣

主な参考文献
Le Corbusier et Pierre Jeanneret Oeuvre Complete, 8 volumes（Girsberger, Zurich 1929～1969）
ル・コルビュジエ全作品集、全8巻（吉阪隆正訳、A.D.A.EDITA TOKYO 1979）
Le Corbusier Sketchbooks, 4 volumes（Architectural History Foundation, NY/ MIT Press, Cambridge, Mass., in collaboration with FLC 1981）
The Le Corbusier Archive 32 volumes（Brooks, H.A.(ed.) Garland, NY 1982～1984）
Le Corbusier PLANS 建築設計資料集成（Echelle-1, Fondation Le Corbusier 2005～2010）
Le Corbusier "Poeme de l'Angle Droit"（Teriade, Paris 1955）
ル・コルビュジエ『今日の装飾芸術』『ユルバニスム』『建築をめざして』『輝く都市』『アテネ憲章』『モデュロール1&2』『東方への旅』『エスプリ・ヌーヴォー（近代建築名鑑）』『小さな家』『プレシジョン（上）（下）』（いずれも鹿島出版会）
ル・コルビュジエ『小さな家』（集文社）
ル・コルビュジエ＋A.オザンファン『近代絵画』（鹿島出版会）
ル・コルビュジエ＋F.ド・ピエールフウ『人間の家』（鹿島出版会）

※本書の12、13頁の図版は、『ル・コルビュジエの全住宅』東京大学工学部建築学科安藤忠雄研究室編（TOTO出版）から引用いたしました。
※58～59頁の新時代館の写真の著作権者に連絡がつきませんでした。ご存じの方はご連絡をください。

［凡例］
1.建築作品の制作年は、主にル・コルビュジエ財団の作品リストおよび『PLANS』に従いました。
2.作品名、カタカナ表記は、一般的に日本で用いられている表記にそろえました。

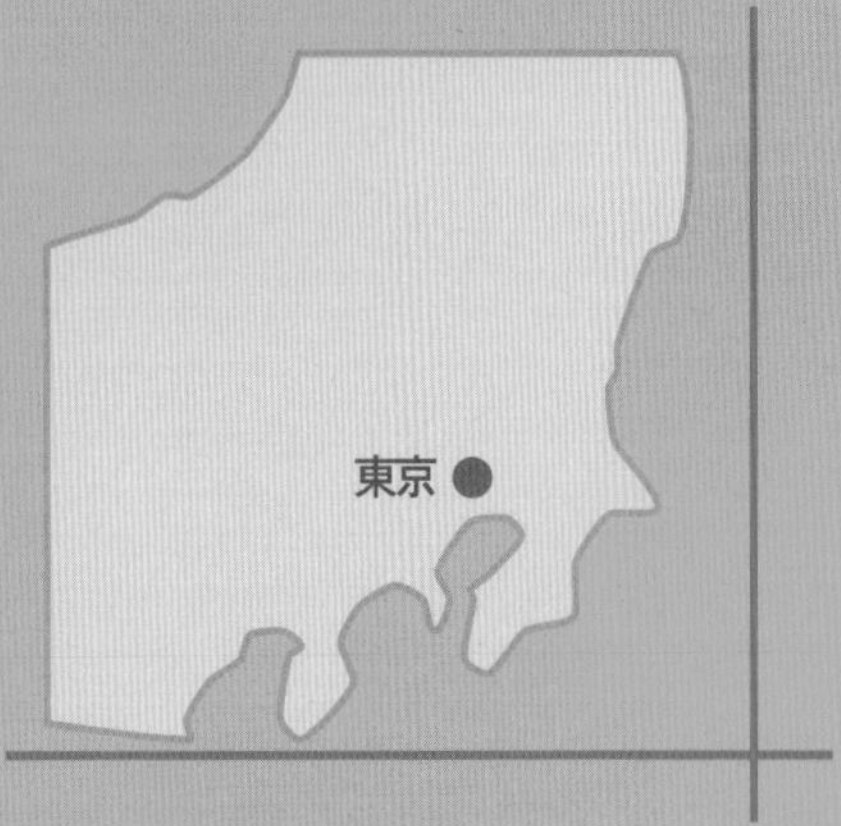

日本

場所	建物
東京	国立西洋美術館※

インド

場所	建物
チャンディガール	全体計画※
チャンディガール	高等裁判所※
チャンディガール	合同庁舎※
チャンディガール	議事堂※
チャンディガール	開いた手，影の塔※
チャンディガール	美術館
チャンディガール	美術学校・建築学校
チャンディガール	ボートハウス
アーメダバード	サラバイ邸
アーメダバード	繊維業者会館
アーメダバード	ショーダン邸
アーメダバード	サンスカルケンドラ美術館

アメリカ

場所	建物
ケンブリッジ	カーペンター視覚芸術センター

ブラジル

場所	建物
リオデジャネイロ	教育省ビル

アルゼンチン

場所	建物
ラプラタ	クルチェット博士邸※